U0611185

重启私域

从流量制造到价值创造

◉ 何兴华 著

电子工业出版社·
Publishing House of Electronics Industry
北京·BEIJING

内 容 简 介

这是第一本从价值创造的角度来定义私域的书。

作为 3 家上市公司的营销团队和数字营销团队的创建者，作者耕耘在营销一线 20 年，对快速消费品、耐用消费品、零售平台的品牌塑造与营销推广有一手的操盘经验。

近几年，许多企业都在抓紧布局私域，大家的普遍共识是：私域难做。为了解题，作者在书中并没有讲如何做社群、如何做直播等，而是匠心独具地剖析了私域运营的成功前提，即如何为用户创造价值。

全书分为四章。第一章，创新性地提出并剖析了私域运营区别于传统营销的内核——持续触达的魔力，以及与之匹配的绩效考核"新算法"；第二章，创新性地提出并剖析了私域服务的 8 种典型范式；第三章，创新性地总结并剖析了企业在修炼私域服务四大核心能力时常见的关键误区与解题之道；第四章，创新性地提出并剖析了品类商利用私域能为用户提供的 3 种特供服务——品类导购服务、品类促销服务和品类细分服务。本书适合所有行业中正在关注、布局或实践私域运营的企业家与操盘者阅读。

图书在版编目（CIP）数据

重启私域：从流量制造到价值创造 / 何兴华著 . —北京：电子工业出版社，2022.5

ISBN 978-7-121-43238-5

Ⅰ . ①重… Ⅱ . ①何… Ⅲ . ①品牌营销 Ⅳ . ① F713.3

中国版本图书馆 CIP 数据核字（2022）第 056487 号

责任编辑：滕亚帆　　　　　　特约编辑：田学清
印　　刷：天津千鹤文化传播有限公司
装　　订：天津千鹤文化传播有限公司
出版发行：电子工业出版社
　　　　　北京市海淀区万寿路 173 信箱　　　邮编：100036
开　　本：880×1230　　1/32　　印张：8.25　　字数：200 千字
版　　次：2022 年 5 月第 1 版
印　　次：2022 年 5 月第 1 次印刷
定　　价：78.00 元

兴华写书，不是纸上谈兵，而是干出来的。他是营销界的战将，操盘过许多精彩案例，且善于思考，并从实战中探寻背后的真相和本质。读他的书，有趣又有用，开卷有益，启发多多。

——红星美凯龙家居集团创始人、董事长　车建新

讨论私域如何助力营销的书很多，而讨论私域如何助力产品（服务）升级的书，我未曾读过。《重启私域》一书在后面这个维度上的精细剖析与精要总结，对公牛理解私域、定位私域、布局私域的启发很大。而且，我对作者的许多新鲜观点很有共鸣。强烈推荐兴华的新书——《重启私域》。

——公牛集团董事长、总裁　阮立平

如何为客户创造价值是每一个行业都在思考的问题，数字化经营的核心是更精准地匹配客户的需求，提升客户价值与忠诚度。财富管理行业过去 200 年的运营模式几乎没有改变过，但近两年

被快速打破。不管如何变化，这个行业最大的壁垒依然是信任，信任永远都是客户关系的基础，仅依靠管理平台和数字化解决方案不足以建立人与人之间的信任。私域的本质是建立我们与客户之间的信任。兴华的《重启私域》这本书让我们看到私域时代下几乎所有行业聚焦客户预期价值实现的核心竞争力。

——诺亚控股创始人、董事局主席兼 CEO 汪静波

爱因斯坦说："我们不能站在问题的同一维度上解决问题。"我也很赞同兴华的观点：在运营私域这件事上，我们也无法在营销的层面解决掉所有营销的问题。《重启私域》为读者提供了另外一个视角，一个以用户需求与体验为中心的视角。站在这个视角上看过去，不仅关于私域的很多营销问题能够迎刃而解，而且我们会惊喜地发现，利用私域，我们可以收获更多。

——良品铺子食品集团 CEO 杨银芬

众多品牌人、营销人，对如何塑造品牌、如何研发新品、如何营销推广驾轻就熟，但是对于用户服务这件事并不熟悉，也少有关注。兴华的这本新书《重启私域》，就是在与大家交流如何在私域时代里，利用私域为用户提供更好更丰富的服务，从而真正实现高效、健康、可持续的私域运营目标，进而实现一家企业营

销增长目标、运营增长目标。全书逻辑严谨、案例丰富、观点独到，强烈推荐给各行业关注和运营私域的朋友们。

——自如创始人、董事长　熊林

利用私域卖更多产品，很重要；利用私域创造更好的产品（服务），当然更重要。《重启私域》是第一本完整而深度地阐述如何利用私域为用户创造价值，为企业实现产品（服务）升级的专业图书，其新鲜的观点、严谨的剖析、丰富的案例、精要的总结、系统的方法论、宝贵的一手经验，一定不会让读者失望，强烈推荐。

——见实科技创始人、CEO　徐志斌

关于私域，有很多文章讨论如何拉新、促活、转化，如何做直播、做爆破、做裂变，而似乎看不到有文章和图书全面地聚焦讨论如何服务用户，为用户创造价值。《重启私域》填补了这一空白。

——人文财经观察家、"秦朔朋友圈"发起人　秦朔

在大多数情形下，提起"产品"这个词，我们想到的就只是那个看得到、摸得着的产品；提起"服务"这个词，我们想到的就只是"售后服务"那点事儿、"服务行业"那些活儿。其实不然。兴华的这本新书《重启私域》会让我们看到私域时代下，各个行

业所迎来的对"产品"和"服务"实现再定义与再创造的历史性
机会。

——著名商业咨询顾问、润米咨询创始人

《刘润·5 分钟商学院》主理人、《底层逻辑》作者　刘润

《重启私域》这本书填补了深度剖析"私域与服务"这一话题
的空白，从场景化用户运营切入，对全面理解今天商业的数字化
发展意义重大，强烈推荐。

——场景方法论提出者、场景实验室创始人　吴声

瑞幸咖啡快速复活的实践再次证明：私域是大势所趋，私域
的玩法正在被快速迭代升级并且越来越先进。当下私域的发展已
经到了一个新的阶段，每家企业必须从战略上对其进行认知、决
策和布局。老何是一位拥有 20 年品牌营销实战、8 年营销数字化
实战、5 年私域运营实战经验的营销专家，他的第二本书——《重
启私域》，装满原创干货，观点新颖，很值得阅读。

——《流量池》作者、瑞幸咖啡联合创始人兼首席增长官　杨飞

如今，几乎所有行业、所有企业都不再纠结要不要做私域
这个话题了，其中相当一部分企业也不再为大规模拉新而烦恼

了。但是，绝大多数企业都面对着更大的难题：如何盘活私域用户资产，如何通过有效的用户运营实现转化率与复购率的持续大幅提升。兴华是我的学生，一位典型的喜欢掘地三尺、寻根究底的实践型思考者，他的这本新书《重启私域》，毫无悬念地会再一次为大家带来一个不同的看题视角、一个更直接的解题思路。

——中欧国际工商学院市场营销学教授、宝钢市场营销学教席教授、副教务长、首席营销官课程主任、全球 CEO 课程联席课程主任
王高

为什么有的企业做私域运营能够带来复购率的显著提升，而我们却做不到？为什么我们对私域运营团队考核销量指标达成率常常难以实现？为什么私域用户的活跃度与黏性总是不理想？为什么线下数据沉淀是个难以解决的问题？……针对这么多的为什么，兴华在《重启私域》一书中给出了自己的答案。我认为这是他在多年深厚实践基础上，不断积淀而得到的理解，既严谨周密又简洁明了。此外，本书还有丰富的案例分析和对比分析，启迪读者联系自己的观察和实践展开思考。所以，我强烈推荐。

——复旦大学管理学院教授、博士生导师、
中国高校市场学研究会副会长　蒋青云

未来所有的企业都会是数智化的企业，数字化、在线化只是完成了第一步，智能化才是未来。在过去40年间，中国商业走完了西方发达国家两三百年的发展路径，数智化也处在一个急剧发展的过程中。在当下及未来，数智化会对每一家企业利用私域实现更好的用户服务起到奠基性的作用。而具体如何战略性布局私域用户服务、有哪些关键性问题需要思考、怎样才能尽可能少走弯路，强烈推荐朋友们阅读何老师的新书——《重启私域》，这本书给出了所有答案。

——阿里巴巴集团副总裁、阿里云研究院院长、中国科学院
管理学博士、清华大学博士后 肖利华

随着越来越多企业把私域当作真正的用户留存、经营和复购的一套运营体系，如何根据用户需求和体验变化来重构企业的私域产品和服务体系，也变成了企业服务用户的最核心能力和挑战之一。与用户之间做持续的价值连接，这也是企业一定要从战略上重视私域、战术上修炼私域服务的原因所在。

——《哈佛商业评论》中文版执行出品人、副主编 齐馨

我和老何共事十来年，他经常意味深长地对我说："唯有私域，可以解忧。"

十年前的线上线下相争，各种新模式不断刷新我们的认知，重构商业大森林；十年后的今天，没有人再区分线上线下，它们已然是一体全域的概念。而在全域之中，公域红利不断消退，私域的价值愈加凸显：一是商品交换；二是信息交互；三是信任关系的建立。作为一家企业、一个组织，不仅要深刻认识私域增量的重要性，更应探究如何利用私域升级市场营销、升级用户运营，建立黏性，直接发力终端。

老何的第二本书《重启私域》，在第一本《流量制造》大卖的基础上，通过其过硬的专业力、思考力、洞察力，聚焦和锁定私域服务这一独特且巨大的价值上。书中用各大行业案例、数据等形式切入，透彻而完整，以独特的视角剖析私域服务的八种范式，手把手教大家做私域。不论是刚刚起步的初创公司、发展中公司，或寻求转型的企业组织，还是想在私域运营中创造顾客价值和企业组织价值的企业，都可借由这本工具书厘清思路、辨明方向。

我已推荐了连锁业的伙伴一同学习这本书。现在，也将它推荐给大家。

——中国连锁协会副会长、中国商业联合会副会长、
红星美凯龙家居集团总裁　谢坚

　　兴华这本书填补了一个空白：完整而深入地解剖"私域服务"这一课题。对于企业可以利用私域做用户服务这件事，大家一定不会陌生，也不会质疑。但是，利用私域在哪些方面为用户提供服务，这些私域服务与以往的服务有什么本质区别，有哪些不同行业的案例可以借鉴，私域服务与私域营销、私域运营的关系是怎样的，私域服务的战略价值是什么，不同类型的企业在私域服务这件事上的优势、劣势是什么，如何在原有组织体系内建构起卓越的私域服务能力等这些关键性问题，各个企业普遍关注得少、思考得少，相应的研究与讨论也比较少，《重启私域》一书在这方面独具价值。

——TCL 科技集团 COO　　王成

　　我与兴华相识多年，在品牌与企业的战略方面因合作成为挚友，我对他不断探索、不断学习的精神印象最深！

　　随着线上经营越来越普遍，线上消费也变成了消费者的一种习惯，各品牌与企业也就越来越需要了解线上的经营方法！而顾客在今天因对品牌及产品的喜好而进入了一个个的个性化的品牌消费群。如果经营好品牌群或粉丝群，私域顾客群就会发挥越来越关键的作用！然而很多企业私域运营不理想，不是因为掌握的技巧与方法不够多或不够好，而是因为对背后的底层逻辑、前端的顶层设计钻研得不够透彻。

如何给私域运营团队设定目标，如何评估私域运营团队的绩效，如何决策私域运营的重心，如何为私域运营团队点兵点将，如何持续提升私域运营团队的核心能力，如何为私域战略调整产品线发展战略，这些关键问题都需要底层逻辑、顶层设计作为支撑。虽然这很重要，但是，却鲜有专著问世。从这个角度来讲，兴华的第二本书《重启私域》可谓难能可贵。

——君智战略咨询公司创始人、CEO　徐廉政

我很认同兴华在《重启私域》这本书里提出的一个核心观点——私域时代，零售商作为品类商，能够利用私域为用户提供更多、更高品质的服务，从而在线上线下盘活既有的大规模用户资产，实现复购率、联购率、裂变率的持续提升。同时，书中对于零售商为用户提供的私域服务进行了创新性分类——品类导购服务、品类促销服务、品类细分服务，并加以精妙地剖析与总结。因此，我特别向所有零售界的朋友们推荐兴华的这本新作。

——Aibee 爱笔智能创始人、CEO　林元庆

恭喜兴华再创新作！《重启私域》的选题角度与解题思路还是秉承他的一贯风格——深挖底层逻辑。私域为什么总是做不好？我相信各行各业的朋友对这个话题都有自己的理解和体验。而兴

华总是勤于思考，并且笔耕不辍，用心总结出方法与大家分享。"此流量非彼流量、此服务非彼服务、此能力非彼能力、此逻辑非彼逻辑。"我很喜欢这些刨根问底式的思辨，帮我释疑，给我很多启发。谢谢兴华的辛勤劳作，我推荐这本书给大家，一同分享他的私域笔记。

——菲林格尔智能家居董事长、总裁　刘敦银

存量时代，以用户运营为核心的私域运营成为必选项，也是品牌商获取加速度的重要动能。关于私域运营的重要性大家都有认知，不做私域肯定不行，做私域做不好也肯定不行。而普遍的事实是：私域很难做。拉新、促活、提升黏性，各个都是挑战；提升转化率、复购率、联购率、裂变率，各个都是难题。需要一把手亲自上阵、需要全员更新原有的知识体系、需要采用全新的组织协作机制、需要变革原有的绩效考核体系、需要给上下游不断"洗脑"，其常态是：不温不火，不能不投入，也不敢大投入。

《重启私域》通过一套完整的方法论与大量的典型新鲜案例，告诉我们如何从用户洞察出发，为私域重新找准运营重心、找到破题关键，并最大程度地避开那些"隐蔽指数"与"伤害值"爆表的大坑。

——安踏集团 COO　陈科

利用私域为企业创造价值，很重要；利用私域为用户创造价值，当然更重要。因为后者是前者的前提，而且，后者会带来价值增量。这正如卡萨帝一直奉行的理念：用户是卡萨帝最好的设计师，粉丝是卡萨帝最好的推广者。《重启私域》是聚焦用户价值的一本专著，值得所有布局和运营私域的朋友仔细品读。

——卡萨帝公司总经理　宋照伟

何老师的《流量制造》一书是我唯一研读数遍以上的用心佳作。伴随"私域"模式的盛行，关于"私域"的图书比比皆是，而何老师的新书《重启私域》独树一帜。书中通过对几十个鲜活案例地剖析，把私域对企业的价值、对用户的价值、对营销的价值、对服务的价值，以及背后的核心运行机理、所需的团队新能力、常见的"大坑"与避坑路径，都做了清晰又简洁、独特而深刻的总结。同时，过程中总有层层递进的严肃论证。相信这一力作对已经启动或者准备启动私域业务的企业，必会产生一次强效助推。

——微盟集团副总裁　凌芸

preface
序言

讨论私域营销，核心是在深究如何利用私域为企业获取价值。

讨论私域服务，核心是在深究如何利用私域为用户创造价值。

这本书，聚焦后者。

尽管"私域"这个词已经火了近 3 年，但绝大多数企业在私域这件事上还处于"摸爬滚打"的初期阶段。见实科技对 2000 家企业进行了调研，在 2021 年 12 月发布了《2022 年私域运营趋势及创业机会》白皮书，其中的数据显示：处于私域运营观望期的企业占比 18%，处于启动期的企业占比 24%，处于拉新引流期的企业占比 21%，处于私域运营优化期的企业占比 16%，处于增量探索期的企业占比 8%。

在私域运营中，我们经常会遇到各种问题与困难，需要对其展开抽丝剥茧般的分析。然而，无论研究的路径、讨论的话题如何千变万化，本质上，我们往往都是在"如何利用私域获取更多价值"这一维度上深耕与发散，比如如何获取免费流量、如何提升复购率、如何实现社交裂变，等等。我们忽略了一个更重要的课题：如何利用私域服务用户，并为用户创造更多价值。"利用私域为用户创造更多价值"是"利用私域获取更多用户价值"的前提，企业如果看透了前者，扎扎实实地做到了，后者自然迎刃而解、水到渠成。

现实总是很骨感。对于这个底层、更具前提性质的问题，大多数朋友并没有花精力去研究，也没有诚诚恳恳、扎扎实实地做好。

借用一句话：我们太多关注"打法"和"模式"，太少关注"用户"。

事实上，我们必须换一个视角，换成真正以用户为中心的视角，才会迎来"柳暗花明"。

爱因斯坦曾说，你无法在制造问题的同一思维层次上解决这个问题。以用户的角度看，我们就会发现：要想让用户留在私域，不断为我们贡献价值，就必须给用户一个明确而坚实的、在私域里"留下来"与"买下去"的理由。

这就如同我们营销产品，需要先确立一个定位，即给用户一个明确的购买理由。总而言之，要想获取用户价值，必须首先为用户创造价值。

"我们是站在哪个角度看私域的？"这是个关键问题，会对我们的策略制定产生根本性的影响。站在营销的角度看，我们可能会认为：私域运营的投资回报率不好，就不必做私域了。哪怕对手把私域做得很好，只要我们在其他营销方式上发力，生意照样做。但当站在产品的角度看时，我们就会认为："必须要做好私域！"因为我们的产品或服务，绝不能比对手差，否则，用户很快就会抛弃我们。一个是锦上添花，一个是生死攸关。而且，企业看问题的角度不同，每天念念不忘的"那本经"也会大有不同。站在价值交换的角度上，即营销的维度上看，我们梦寐以求的是"几千万名粉丝""几十万名导购""几万个群""几亿人次点击量""几倍销售增量"等，这些都是让每家企业心潮澎湃的数字。站在价值创造的角度上，即服务的维度上看，我们孜孜以求的是"好及时""好温暖""好方便""好喜欢""好实惠""好有意思""好专业"等这些来自每位用户的心满意足的点赞。角度不同，所求不同：一个是私域对企业的价值，一个是私域对用户的价值。

在私域时代之前，企业无法为用户提供即时的、主动的、个性化的、持续的、丰富的线上服务。私域让一些对用户而言属于刚需，但从前却无法实现的服务变成了现实。从本质上讲，这些服务是一家企业提供给用户的一个完整产品的组成部分，对于提升用户体验、提升竞争优势而言，是非常重要甚至是更重要的部分。这些服务的加入，意味着产品的升级。

我的上一本书《流量制造》，谈的是全域，这本书讨论的是私域；《流量制造》讲的是如何实现更高效的价值交换，这本书讨论的是如何实现更高级的价值创造；《流量制造》讲的是触达用户，这本书讨论的是服务用户；《流量制造》讲的是如何做好"四造"，这本书讨论的是为什么会做不好"四造"；《流量制造》针对的是品类商，这本书主要针对的是品牌商。

2021年，《流量制造》历经10个月"怀胎"，在许多朋友的助力之下，有幸于十月份"分娩"，至今一直挂在京东、当当营销类书籍的榜单上，还算有点存在感。

这一年里，我应邀与互联网、快速消费、电器、汽车、零售连锁、家居、理财、教育、母婴、科技、咨询等不同行业的许多企业和高校进行交流与分享，包括阿里巴巴、公牛集团、上汽大众、顶新集团、良品铺子、宝洁、诺亚财富、迪安集团、万达、汇添富、李锦记、南极人、爱亲母婴、爱贝教育、复旦大学EMBA等，在交流与分享的过程中，我受益匪浅，并有两点体会：各行各业普遍关注私域，而《流量制造》一书聚焦的是全域，并没有把私域讲透。为此，我写了一篇文章《得私域者得天下》，约1.7万字，也算诚心诚意、竭尽全力了。这篇文章发布两个月后，我觉得这篇文章没有把私域的本质及事关私域运营成败的核心问题讲透彻。近一年里，私域的发展进入加速期，不仅越来越多的企业争先恐后地发展私域，而且各大平台也纷纷下场、快马加鞭。可见，整个生态正处于新一轮的巨变之中。

2020 年，腾讯在半年度财报中首次官方定义私域；2021 年，腾讯就在其半年度财报中大夸特夸私域的全面增长。2021 年 3 月 25 日，腾讯智慧零售携手贝恩公司联合发布《智慧零售私域白皮书 2021》，基于消费者变化新趋势，重磅推出"私域增长水轮"模型与"四力"方法论，助力企业规划、构建和维护私域业态。

2021 年，阿里巴巴在商家产品升级发布会、淘宝天猫生态伙伴大会上，连续释放重磅信息，宣布已启动一系列产品升级，以及打通底层数据，助力商家在专属客服、粉丝订阅、淘宝群聊、店铺直播等场景中，做全面的精细化私域运营。

2021 年 7 月 27 日，在抖音企业号产品发布会上，巨量引擎发布《抖音私域经营白皮书 2021》，披露企业号业务数据：截至 2021 年 7 月，抖音企业号总数量达 800 万个。在白皮书中指出，抖音私域是抖音生意的新增量，具备强获客、正循环、高效率的特征，而抖音企业号是企业商家在抖音做生意的一站式经营平台。

2021 年 10 月 20 日，德勤携手天猫发布《秉持长期主义，创造长期价值——FAST$^+$方法论：以私域为核心的全域消费者持续运营》白皮书，基于德勤对消费品和零售行业的多年咨询经验及洞察研究，在天猫原有的消费者运营方法论的基础上进行了升级迭代，推出了"FAST$^+$：以私域为核心的全域消费者持续运营"的方法论，助力品牌从过去"以产品和渠道为中心"转型为"以运营消费者为中心"。

与以上各大平台相比，在我看来，见实科技更加勤奋，发布内容更加落地，让我收获更多，应该客观地说："收获多得多"。在近一年中，见实科技已经发布了10余本有关私域的白皮书，涉及私域运营的方方面面，包括《公域+私域新组合》《组织结构的调整》《私域流量案例实操手册》《2022年私域运营趋势及创业机会》《2021连锁品牌私域经营白皮书》《私域电商崛起》《私域服务商手册》《私域代运营爆发》《私域工具手册》《私域加粉手册》《私域运营招式手册》等。

窥一斑而知全豹。有关私域的新知识、新经验呈爆炸式增长，这一年里，推着我不断学习、思考与实践，于是，有了你手中的这本书。

这本书，聚焦讨论如何利用私域为用户创造价值，并力图从四个维度上回答一个很多运营私域的读者及读者的领导们都在日日夜夜苦苦思索的问题：

为什么我的私域没有做好？在我看来，至少是不够理想，总感觉没有做到像 ××× 那么好。

首先，我们会从营销（价值交换）的维度来分析；其次，我们会从产品（价值创造）的维度来分析；再次，我们会从所需的底层能力来分析；最后，我们会从企业在生态中所扮演的角色来分析。

期待大家跟随我一起从四个维度出发，动一番脑筋，之后，就能够豁然开朗，在以下一项或多项中找到自己的答案：

（1）运营目标不对。

（2）运营重心不实。

（3）底层能力不够。

（4）基因特质不同。

希望读者能有所收获，也请大家不吝"砖头"和"鞭子"。

最后，作为见实科技的一名忠实粉丝，在这里，我要利用这个特殊的机会，向见实科技与其创始人徐志斌先生表达个人的由衷谢意。感谢由见实科技打造的中国私域第一案例宝库——通过面对面与近千个私域团队深聊，凝聚而成的一手案例库。案例库的质量很高，曾经一次次超乎我的预期，本书中所列举的大量案例，除我个人的亲身经历，许多案例都节选于此。同时，我在这里对 Charles 先生和电子工业出版社的滕亚帆老师与王晓盼老师表示诚挚谢意，感谢 Charles 先生和滕亚帆老师与王晓盼老师在方法论梳理、章节布局与文字雕琢上给我的重要帮助，感谢朱斌先生与高玲女士在本书装帧设计上给予我的宝贵支持。

何兴华

2022 年 2 月

contents
目录

第二章　用户服务的高级范式　051

将欲取之

必先与之

重启私域

第一章

CHAPTER

持续触达的魔力

非连续性触达的窘境　　私域，为传统营销打通"任督二脉"　　一把跨越时空的尺　　"持续触达的魔力"引发的三大连锁反应成功运营私域的关键，在于深刻理解并充分释放"持续触达的魔力"。

如果我们对私域的关注总是停留在"免费流量""复购增量"这一层面，而没有深入理解"持续触达"这一内核，那么十有八九，我们就会定错私域运营的目标，选错私域运营团队绩效考核所用的那把尺，从而，总是事倍功半、苦无尽头。

这不仅直接关系到一家企业运营私域的成败，还关系到一家企业能否把握住利用私域全面实现营销数字化的历史性机遇。

所以，必须从头拆解。

在本章的第一节与第二节中，经过对一系列案例的拆解，我们会清晰地知道：通过持续触达同一用户，私域能够释放出"惊天魔力"——为流量、转化率、复购率、裂变率带来远远高于我们一般想象的增量规模与可持续增长性。但是在第三节中，我们会有一次反思：正因为私域运营的最大价值在于释放"持续触达的魔力"，所以，其运营绩效的评估不能因循守旧、简单粗暴，必须为其定制算法，造一把"跨越时空的尺"，这样才能实现"运营私域，考核全域；运营在当下，考核全周期"。否则，不合理的绩效评估对私域运营本身的"杀伤力"很大。

同时，我们将在本章得出一个重要结论：传统品牌商或传统零售商，只有通过私域才能打通传统营销的"任督二脉"——实现"精准地识别用户与持续地触达用户"，可谓是"无私域，不营销"。换句话说，私域是对抗"双离散效应"的最优解，更是全面实现营销数字化的唯一解。

第一节　非连续性触达的窘境

浪费的流量远远不止一半

都说流量越来越贵，实际上，流量的贬值越来越快，或者说，流量的浪费越来越多。

大家都知道：投出去的广告有一半被浪费了。但是我们很难说清楚到底浪费在了哪里，到底浪费了多少。

今天，我们必须静下心来，对流量浪费这件事，拿一个"放大镜"仔仔细细地探个究竟，因为这件事与私域运营的底层逻辑密切相关。

我们还会发现，浪费的流量远远不止一半。

假设有一家生产洗衣粉的企业，现在研发了一款新品——洗衣球，正在全面推向市场。为此，市场部策划了产品硬广，即简单传递产品核心卖点的视频广告、平面广告，将它们投放在电视上、网络上和户外；也策划了大量的种草型软广，即以各种内容形式深度传递产品的特点，让用户充分了解这个新品区别于传统产品和同类竞品的不凡之处；同时，还策划了持续不断的官方促销活动与直播活动，以及为这些活动做宣传推广的蓄客广告。

　　假设有 9 个精准用户，每个人都能被这个新品的产品硬广、种草软广、促销广告、直播广告分别触达 3 次，同时假设每支广告的有效触达频次都是 3 次，则最终 9 个人都会参加促销活动与直播活动，而且都会产生初次购买行为，如图 1-1 所示。

	产品硬广			种草软广			促销广告			直播广告			互动结果
用户 1	1	1	1	1	1	1	1	1	1	1	1	1	购买
用户 2	1	1	1	1	1	1	1	1	1	1	1	1	购买
用户 3	1	1	1	1	1	1	1	1	1	1	1	1	购买
用户 4	1	1	1	1	1	1	1	1	1	1	1	1	购买
用户 5	1	1	1	1	1	1	1	1	1	1	1	1	购买
用户 6	1	1	1	1	1	1	1	1	1	1	1	1	购买
用户 7	1	1	1	1	1	1	1	1	1	1	1	1	购买
用户 8	1	1	1	1	1	1	1	1	1	1	1	1	购买
用户 9	1	1	1	1	1	1	1	1	1	1	1	1	购买

图 1-1

　　完美！倾注在所有广告策划与活动执行上的每一份努力都没有白费，花在每一个精准的潜在用户身上的每一分钱都没有浪费。

　　但是，这不是现实。现实情况如图 1-2 所示。

	产品硬广			种草软广			促销广告			直播广告			互动结果
用户 1							1	1	1				不知晓
用户 2	1	1								1	1	1	已知晓
用户 3	1	1	1				1	1	1	1	1	1	有兴趣
用户 4	1	1		1									有兴趣
用户 5				1	1	1							有兴趣
用户 6													有意向
用户 7							1			1			已知晓
用户 8	1	1		1	1		1			1	1		有意向
用户 9	1	1	1	1	1		1						未复购

图 1-2

对图 1-2 的分析如下。

用户 1，被一家企业的促销广告高频触达，但没有产生消费，因为这家企业的产品硬广和种草软广并没有触达这位用户。所以，用户 1 对这家企业的品牌和产品并不知晓，更谈不上了解，当然就不会轻易下手。

用户 2，尽管被这家企业的产品硬广触达了两次，但因为触达频次并不足够，所以，这家企业的品牌与产品在这位用户的心智中建立的知名度有限。更重要的是，这家企业的种草软广并没有触达用户 2，导致用户 2 对这家企业的产品的具体卖点及相比同类产品的差异化优点缺乏了解与信任。尽管用户2被产品的直播广告触达了3次，但最终因为对该产品不够了解且没有产生兴趣，而没有参与这场直播。

用户3，与用户2的情况相似，只是浪费的广告预算更多而已。

用户4，对产品已经很熟悉，因为接触过种草广告，所以对该产品的卖点和特点有一定的了解。但是，这家企业没有将促销活动和直播活动的消息告知用户4，当然用户4也就不会产生消费。就差一口气！

用户5、用户6与用户4的情况相似。

用户7，对产品已有足够的了解，并产生了兴趣，甚至因为接触到一次促销广告，从而产生了购买意向。但是，因为后续少了同一促销活动的广告提醒，最终用户7忘记参加这次促销活动，企业错失了销售机会。用户7也觉得遗憾，最终选择了类似的其他品牌的产品，当然也是在一个促销活动中做出的选择。

用户8，与用户7的情况类似，只是错过了直播活动，非常可惜。用户8曾经两次看到直播活动的预告广告，但在直播活动的当天，因为太忙而忘记进入直播间。如果这家企业在直播活动的当天提醒了用户8，用户8就会观看直播，也会果断下单。当然，没有如果！

用户 9，对产品既知晓又有兴趣，还产生了强烈的购买意向，最终在一次促销活动中下了单，这应该算有了一个好的结果。但是，并不完美，对于最近的直播活动，企业没有通知他，不然他一定会参加直播活动并下单复购。

类似的但不同的情形，我们还可以推演出很多。

以上举例揭示了一个简单的结论：尽管"消费者旅程"与"客户生命周期"这两个经典理论由来已久。但是，一直以来品牌商在实际应用这两个理论的过程中，却难有作为。

下面，我们就顺着"消费者旅程"与"客户生命周期"的路径，对传统营销所遭遇的"非连续性触达"的窘境进行一次快速拆解，如图 1-3 所示。

图 1-3

以前，我们特别关注因为广告投放得不精准而产生的巨大浪费。比较经典的抱怨莫过于美国百货商店之父约翰·沃纳梅克的那句名言："我知道我的广告费浪费了一半，但是却不知道哪一半浪费了。"

没错，这种浪费一直很显性且越来越严重。但是，浪费从来不止于此。

在传统营销模式之下，无论是电视广告、电梯广告、电台广告，还是综艺节目中插广告、网剧贴片广告、网络横幅广告，它们都是广而告之的方式，即使用一个通用版的广告物料，也是对所有人进行曝光。那么，即使广告中的品牌或产品与目标用户的需求相匹配，广告能够触达一部分的目标用户，也依然会因为广告本身的创意不合这些用户对内容的胃口而无法打动他们。

更大的浪费在后面。

即使广告触达了目标用户，且内容正对其胃口，结果也往往依然"惨淡"。

为什么？

所有接触过传统媒介策划的朋友，对"有效触达频次"这一概念一定不陌生。

任何一个品牌希望通过广告或其他传播手段，向一位用户或一群用户传递一个信息，并使其接受，从而改变其观念，进而产生购买或其他新的行为，这都需要反复与其沟通。具体需要多少次沟通，会因品类、品牌、产品、广告创意、传播媒介等因素的不同而异。"有效触达频次"就是指，一个特定的广告所需的针对目标群体中每一位用户，平均来说能够产生作用的最低触达频次。

只有通过反复甚至高频的充分沟通，这位用户或这群用户才会从开始知晓、完整理解，逐步过渡到产生兴趣与意向，最终在理念上接受并产生实质性的购买或行为改变。当然，也有一次简单沟通即能"万事大吉"的情形，但毕竟只是少数，比如冲动型消费商品或单价很低的商品。

然而，现实中，因为我们无法在茫茫人海中识别每一位看过我们投放的电视广告、电梯广告或传统网络广告的用户，所以，我们更无从谈起能够对已经被广告触达过的用户进行精准持续触达。

事实上，不但大量的广告浪费在非精准目标人群身上，而且存在着更大的浪费：看了广告的用户、逛了门店的用户，与企业只是打了一个照面，由于缺少后续的互动，大量的精准潜在用户没有产生兴趣、产生兴趣的没有产生意向、产生意向的没有产生购买。

可见，在让一位潜在用户成为购买用户的过程中存在着巨大的营销浪费。而"雪上加霜"的是，让一位购买用户成为持续复购的忠实用户，其过程中的浪费一样"惨不忍睹"。

产品体验很好，服务体验很满意，用户一定会复购吗？

当然不会。

用户永远有多个选择，多个满意的选择；企业永远有对手，多个可以同台互搏的对手。

即使一家企业的产品、服务与竞争对手的一样好，只要这家企业与某些既有用户之间的互动明显弱于竞争对手与用户之间的互动，就意味着竞争对手已经或即将从自己手中夺走相应的市场份额。

这与我们在生活中的体验一致，一个人与父母、孩子、爱人、同学、同事、朋友之间的亲密程度，无一不依赖于持续的互动。

但是，同样的道理，因为我们无法在茫茫人海中识别每一位已经产生购买行为的用户，所以，无从谈起能够通过精准的持续互动，不断激活老用户，促进其从购买用户到复购用户的成功转化。最终的实际结果往往是：在通过大规模营销推广所一路获得的珍贵的潜在用户、兴趣用户、意向用户、购买用户中，相当大的比例并没有最终成为复购用户。

当然，为了复购率，我们依旧可以不计成本地进行广告轰炸，但是，故事没有完，在完整的营销链路上，"浪费大军"一往无前。

每个品牌都希望做品牌延伸、品类扩张。比如，用户买完我家衣服，再穿我家的鞋子；用户喝过我家的纯牛奶，再买我家的粽子味酸奶。这些目标都很美好，但现实很骨感。

我们无法在茫茫人海中识别每一位既有用户，所以，无从谈起能够对既有的购买用户，包括重度复购的忠实用户，精准地传递新品信息，即无法有效地促进既有用户在本品牌内进行跨品类、跨产品的更多消费。

流量浪费的副产品是资源浪费

下面我们换一个与日常营销工作场景直接关联的角度，对流量浪费的副产品——资源浪费，做一番拆解，如图 1-4 所示。

	新品 1	新品 2	新品 3	促销 1	促销 2	促销 3	直播 1	直播 2	直播 3
用户 1	•			•			•		
用户 2		•			•				•
用户 3				•			•		
用户 4							•		
用户 5						•		•	
用户 6			•	•			•		
用户 7							•		
用户 8								•	
用户 9	•			•					
用户 10				•	•		•		

图 1-4

营销人的主要工作内容是什么？答案是策划与推广各种新品、策划与执行各类活动。

那么，花了许多精力与资源所推出的新品与活动，对经营产生的实际贡献到底如何？

假设有新品 1、2、3（见图 1-4），每一个新品都在 10 位用户中有各自对应的 3 位潜在用户；假设有促销活动 1、2、3，每一个促销活动都在 10 位用户中有各自对应的 5 位潜在用户；假设有直播活动 1、2、3，每一场直播都在 10 位用户中有各自对应的 6 位潜在用户。

如果所有新品、活动，都能够精准地找到自己的全部潜在用户，并能够与之进行持续的充分互动，逻辑上或理论上就一定会让其对应的全部潜在用户产生购买行为或参加活动，至少是大概率会发生的。

显然，这也不是现实。

现实是每个新品或活动能够找到有效的与之充分互动的潜在用户的概率可能仅仅只有三分之一、五分之一，甚至是零，如图 1-5 所示。为什么？原理同上，不再赘述。

再好的产品、再有噱头的活动，如果不能与潜在用户进行有效、充分互动，那么依然是徒劳的。浪费的不仅是流量，还有营销预算的投入，更包括大量的人力资源与组织资源。

	新品1	新品2	新品3	促销1	促销2	促销3	直播1	直播2	直播3
用户1									
用户2									
用户3							•		
用户4						•			
用户5									•
用户6								•	
用户7				•					
用户8									
用户9	•								
用户10					•				

图 1-5

"任督二脉"与"双离散效应"

说到这里，关于流量浪费与资源浪费这个话题，也算拆解得比较细致入微了。接下来，我们总结一下导致浪费的根本原因。

"无法精准地识别用户"与"无法持续地触达用户"，这就是导致浪费的根源所在，也正是传统营销从未被打通的"任督二脉"，如图 1-6 所示。

传统营销的任督二脉

图 1-6

传统的线下企业，面对几千万、几亿，甚至几十亿位用户，怎么可能拥有每一位用户的 ID，怎么可能拥有每一位用户的画像，因此更不可能精准地持续触达每一位用户。

有会员管理系统的企业，其情况似乎好一些，可以打电话、发短信、写邮件、寄 DM（Direct Mail，印刷品直递广告），其实效果非常有限。一方面，是因为打开率很低，千分之几甚至万分之几；另一方面，是因为这些方式给用户带去的"被骚扰感"非常明显，不适合高频使用。

传统企业本质上缺的不是用户，而是精准地、持续地、定制化地与用户互动的能力。

其实，在很多时候转化率、复购率、裂变率低下，并不是我们的产品、服务、品牌"技"不如人，而是因为我们与用户的互动和沟通总是不能持续、不够充分。

当然，以上分析仅限于 To C（即"to customer"，面向消费者）的传统营销。To B（即"to business"，面向企业）的营销大多不存在这个问题，尤其针对大客户，一定是 360 度精细洞察，一定是高频互动、即时响应；To C 的互联网企业也不存在这个问题，任何一个 App 都拥有每一位用户的独有 ID 及用户做每一个动作所留下的数据痕迹。

分析到这里，也许有人会说："互联网发展这么多年，数字营销的各种玩法与工具层出不穷，前面这些情况总应该有所改善吧？"

实际情况恰恰相反。

为什么？

从本质上来说，是因为**双离散效应：用户需求的持续加速离散、媒体触点的持续加速离散**，如图 1-7 所示。对于营销效果的影响，**这两种离散不是相加的关系，而是展现出了巨大的乘法效应。**

图 1-7

无疑，双离散效应让"任督二脉"不通的传统营销雪上加霜。

过去，我们通过广开门店、广铺终端、广而告之的方法，获得持续的甚至高速的增长。如今，在双离散效应的作用之下，我们越来越无法通过这些方法，在相同预算的情况下，获取与原来同等数量的精准曝光，即相同的流量。

换句话说，在双离散效应的作用之下，我们在流量上的浪费必定越来越多，即流量的"贬值"越来越快。

任督二脉打不通，双离散效应在加速。

这种情况还有解吗？天将降大任于私域也。

第二节　私域，为传统营销打通"任督二脉"

完美打通"任督二脉"

私域从底层对传统营销进行了一次革命性升级。

显而易见，私域天生打通了"持续地触达用户"这一脉。

无论是在微信的公众号、社群、企业号、视频号、小程序等这些私域场景里，还是在天猫的专属客服、群聊、订阅等私域场景里，或是在抖音企业号的订阅、私信、群聊等私域场景里，品牌商都能够轻松地、免费地、自由地实现与用户的持续互动。

那么，另一脉呢？私域能够实现"精准地识别用户"吗？答案是相当肯定的。

在任一特定的私域里，例如在微信社群或抖音企业号里，与任何用户的任何互动，商家都能利用 OpenID 对每一位用户进行精准的唯一识别，从而精准地调取有关用户的所有历史沉淀信息。例如在微信这样的平台生态中，商家可以通过 UnionID，将与同一用户在公众号、小程序、社群、企业微信、视频号、朋友圈等不同场景中的每一次互动连接起来。对于与同一用户在微信、抖音、小红书、天猫等不同平台的私域中进行的互动，商家也能通过数据中台、OneID 技术对用户进行唯一识别，从而实现跨平台的用户数据打通、分析与洞察，如图 1-8 所示。

图 1-8

比如，一个护肤品品牌通过包裹卡引导用户关注公众号，然后用迎新福利引导用户进入小程序商城，并邀请用户添加专属美肤顾问的企业微信号；接着，通过一次直播预约活动，邀请用户进入社群。一系列"短平快"的操作之后，该品牌通过微信提供的 UnionID 将此用户在公众号、小程序、企业微信、社群里的不同 OpenID，以及游来游去的所有"痕迹"，严丝合缝地连接起来，并且是实时的、永久的。

这在传统营销时代，是梦寐以求却不敢奢望的奇迹。

过去，许多行业的品牌商不仅不可能拥有每位用户的 ID、与用户互动的数据，就连销售数据也只能羡慕终端零售商。所以，品牌商不仅不知道自己的既有用户是谁、用户有哪些偏好，而且也不了解谁在什么地方、什么时间购买过什么产品。

以前，其实零售商也没有将颗粒度细化到每位用户的销售数据。

家乐福、沃尔玛、联华超市、全家便利商店等，也仅仅了解每一天每一家店卖了哪些商品、卖了多少，但是，并不了解谁对什么商品有意向、谁买了什么。

在私域时代之前，品牌商在识别用户这件事上，可谓零基础；而在私域时代，品牌商能够轻松实现针对每一位私域用户的精准识别。

综上所述，私域，完美打通传统营销的"任督二脉"。

此流量非彼流量

营销的"任督二脉"一旦被打通，其威力难以想象。私域运营不仅能够以全新模式制造流量，而且更重要的是：此流量非彼流量。

什么是流量呢？

尽管这个词司空见惯，但是并没有形成清晰、普遍的共识。我曾在《流量制造》一书中阐述过我的个人见解，具体如下。

流量不是用户。有用户不代表有流量，缺流量不代表缺用户。之前 3 个月接触的用户多、消费的用户多，不意味着今天店里或这一次活动的流量大，反之亦然。

从本质上来说，一个单位的流量就是与一位用户的一次互动。

无论是对于门店流量、活动流量，还是对于广告流量，一个单位的流量意味着一次与用户互动、传递信息的机会。

流量的价值就是与用户互动的价值，即信息交互的价值，也就是"三流"中的"信息流"的价值。通俗地说，就是向消费者传递与品牌或商品相关的信息，影响其心智，增加其产生消费的概率。

所谓"三流"是指信息流、商品流与资金流，三者的共同作用，实现了零售与营销的核心目标——"价值交换"。"信息流"，即信息的充分流动，在"三流"中至关重要，是实现"商品流"与"资金流"传递的前提。

也就是说，过去基于广告位置或门店位置购买的流量，本质上买的是与用户的一次次互动；反过来，今天与用户在私域里的每一次互动，都是一次流量的制造、一次线下门店的召唤、一次线上下单的诱惑、一次用户心智的"种草"、一次信任与感情的累积。

那么，为什么说通过私域运营制造出来的流量，与传统营销购买的流量不是一回事儿呢？

因为，通过私域用户运营制造出来的流量，是将颗粒度细化到每位用户，是精准的、持续的、定制化的。购买的流量则恰好相反。

也正是由于这一点，私域用户运营不仅能够带来流量倍增，更能带来转化率的倍增、复购率的倍增。从而，也就能在很大程度上解决传统营销之下因"任督二脉"无法打通导致的巨大浪费——有用户无流量、有流量无转化、有转化无复购。

逻辑自洽，但是，有实锤吗？必须有。

双率齐升的实锤

直播蓄客是一个能够充分表现"私域提升转化率"的典型方式。

抛开明星、"网红"、达人自带流量的直播活动不谈，对于品牌商而言，直播的即时性使直播营销的引流方式别具一格，与品牌商为品牌、商品、活动所采用的常规推广手段不同。

全域买流量的方式对直播引流并不适用，性价比太低。一些朋友有这样的期望：在直播一周前打一些电台广告、网络横幅广告、户外广告，或者做一些小区推广，预告直播活动，消费者一旦看到这个直播预告就会立即报名，然后静候直播在某一天、某一刻到来，点击观看。这种想法是不现实的，这个链路的转化率简直低到无法忍受。目标消费者即使看到了，转眼也就忘了，真正能够在日历里记下来并在当天进入直播间的消费者少之又少。

那怎么办呢？

唯有私域，可以解忧。

只要改变一下方法，我们就能把各种推广方法触达的新用户拉入私域，然后，在直播的前一周内，我们可以在私域里通过爆款预告、福利预告、明星预告等各种内容，以图文、视频、海报等各种形式，不断向新用户及私域里的老用户剧透这场直播的各种卖点。这样做会促使私域里的新老用户对这场直播产生兴趣，信任陡增，并维持热度。而且，如果能够基于对私域用户的分层，采用千人千面的定制化内容与用户互动，就会取得更好的效果。

直播的前一天及当天，更要在私域里反复播报、反复提醒，并利用分享抢红包、分享有积分等各种激励手段激励老用户参与社交裂变；在直播当中，还可以不断截取直播画面、视频片段继续在私域里播放"盛况"，进行即时的、高效的精准引流。

显然，是否用私域为一场直播引流，其蓄客成本、效率和效力相差十万八千里。

用私域为直播引流真正地体现了"通过私域针对同一用户进行持续、高频互动，来改变用户心智，令其采取行动，最大限度地提高转化率"的必要性和重要性。

其实，就一场直播的领券转化率（这里指的是从点击到领券的转化率）、预订转化率或购买转化率而言，私域用户的数据也一定比第一次接触的"公海潜客"（即公域里的潜在消费者）的来得高得多。

顺便说点儿题外话：更妙的是，私域对直播也是情有独钟的。

要想在私域里实现高活跃度的用户互动，最关键的就是内容。

而直播正是当下乃至未来内容生产上最具感染力和热度的形式之一。因此，直播活动是私域运营中的"内容彩蛋"，或者说是"内容甜点"。同时，直播在各种内容形式中出色的带货能力，也让私域运营的伙伴们毫不犹豫地将其作为促单手段的"核武器"，为实现私域运营 KPI（Key Performance Indicator，关键绩效指标）贡献关键力量。

所以，私域运营与直播是"天生一对"。私域运营是直播的票房保障，直播是私域运营中的"内容甜点"。

还有一个现象特别有意思，也特别能够说明问题。

李佳琦、散打哥、罗永浩等超头部主播尽管都自带超级流量，并且背后都有大型互联网公司给予流量支持，但其实他们都在铆足劲儿运营各自的私域，与铁杆粉丝们"朝朝暮暮、卿卿我我"，就是为了在每次直播时都有铁杆粉丝入场，带动气氛并购买商品。当然，其目的还包括在直播前的爆品调研、直播后的客户投诉处理等。

宝岛眼镜的案例也很能说明问题。2021 年年初，见实科技采访了宝岛眼镜 CEO 王智民，王总分享了一些宝贵数据。

"目前我们有 3 种触达用户的模型：第一种是用市场部的预算去外部公众号做投放；第二种是用自己的品牌公众号做投放；第三种是用自己的企业微信做投放。"

"通过实践，我们得出几个数据：2015 年到 2018 年，外部公众号和宝岛眼镜公众号的转化率效果对比是 1：29；2019 年到 2020 年,宝岛眼镜公众号和企业微信的转化率效果对比是 1：10。"

可以看出，"越私"，私域的转化率越高。

下面以红星美凯龙为例，来一次有关复购率的"Before"与"After"大比拼。

以前，红星美凯龙在商场内为一个品牌，比如科勒、芝华士、慕思等，做一个超级品牌日活动，会花大力气策划、设计、制作物料，在商场内布置吊旗、海报、灯箱、电梯 LED 等终端广告，然后，静静等待，祈祷周末有很多人来，尤其是希望最近 3 个月内来过商场或购买过商品的顾客再次光临。

现在，红星美凯龙商场换了一种玩法。

红星美凯龙通过全国各级城市的天猫同城站、覆盖中国 300 多万名中高端家装周期内消费者的两万多个社群、覆盖 400 多家商场的十几万名导购构建的全民营销平台、覆盖各大主流线上平台 600 多万名粉丝的官方自媒体账号矩阵等私域阵地，与所有最近 3 个月内或半年内的、在线下或线上成为红星美凯龙数字会员或粉丝的、尚未购买过该品牌品类商品的用户，并重点与曾在线下或线上近期浏览过该品牌品类且未下单消费的用户，以及那些刚刚买过该品牌家装上游商品的用户，高频互动，向他们剧透超级品牌日的爆款、出场明星、福利、总裁签售、直播场次等内容。

前后差别有多大？感觉差别很大，差别到底体现在哪里？差别大到怎样的量级？

首先，是广告位资源的差别。

以前，为一个品牌做活动，商场内的吊旗、展架、灯箱、电梯 LED 等广告位就必须为其所用，其他品牌的活动就无法宣传，商场同期举办的其他类型活动的广告宣传也做不了。如今，线下的传播依旧如此，广告位资源稀缺；但是线上的传播却不同，我们在各种私域里每天与用户就一次活动的方方面面互动不同的内容，甚至一天内也可以有很多次的内容互动，前提是内容合适且精彩。

然而，这还不是最重要的。

真正厉害的是：商场终端广告影响的是哪些人？影响的是在品牌日活动周期里自然来店的客流；而上面所提及的红星美凯龙的私域能够互动的却是最近 3 个月或半年内在线上或线下与红星美凯龙有过接触、成为红星美凯龙粉丝或数字会员的任何用户。

如果说私域传播比传统推广的量级扩大了 100 倍，是不是也不为过呢？

就一场直播活动的老顾客参与率、复购率而言，"Before"与"After"之间的差异到底有多大，已经无须多说。

不只红星美凯龙商场尝到了甜头，在深耕私域的付出之下，诸多行业的诸多品牌收益颇丰，例如以下数据[①]：

> 良品铺子复购率超 30%；
>
> 瑞幸咖啡月消费频次提升了 30%；
>
> 乐乐茶的复购率从 10% 提升到 30%；
>
> 喜茶复购率已经达到 300% 以上（其转化率高于行业约 3 倍）；
>
> 完美日记 DTC 粉丝复购率达到 41.5%；
>
> 九牧王的复购率提升超过 70%；
>
> 罗氏健康私域用户的检测频次从每周一次变成每周 4 次；
>
> 罗氏健康 6 个月的复购率从 32% 提升到 52%；
>
> 罗氏健康样板药店的复购率高达 91%（提升近 1 倍）；
>
> 速品服饰的消费频次从每年的 1.9 次提升到每年 8.1 次；
>
> 茂业百货从顾客到店频率一个月一次升级为顾客消费频率一个月 3~4 次
>
> …………

① 数据来自见实公众号发布的案例。

说到这里，我们可以得出一个重量级判断：**打通传统营销"任督二脉"的私域，不仅是流量制造的超级工厂，更是提升转化率与复购率的超级引擎。**

一句话，私域对销售增长的作用巨大。

前十年，许多企业依靠渠道精耕，在每一个终端，从跨品类竞争对手、本品类竞争对手那里"虎口夺食"，不断提升市场占有率，不断实现快速且大幅的业务增长。

接下来的十年，更多的企业将在另一个战场上展开竞争，即利用私域实现用户精耕，不断挤压同一赛道及跨界的对手，从而不断获取更多增长。

用户精耕，就是在私域里进行精细化的用户运营，是将颗粒度细化到与每位用户的持续互动。理想状态下就是全域、全场景、全链路、全周期的互动。

现在很多企业已经有了自己像样的、成规模的私域。

一旦有了私域，每个 To C 的企业都能够像 To B 的企业一样精细化地运营每位用户，与每位用户的每一次互动都会以数据和标签的形式沉淀在这位用户的档案里。所以，To C 企业的运营能力只会越来越强，To C 企业的用户洞察能力和服务能力也会越来越强，To C 企业与用户的关系当然也会越来越好。因此，也就一定会有更多的潜在用户，被 To C 企业一步步养成兴趣用户、意向用户、消费用户、复购用户，直至超级用户，而超级用户一定会带来更多的新用户。这是一个正循环。

这个正循环一旦重复起来，会让商家与用户之间的价值交换（即营销）不断加速与提效。

私域打通了传统营销的"任督二脉"，从底层对价值交换的模式与效率实现了一次升级。

第三节　一把跨越时空的尺

通过本章第一节和第二节的介绍，我们已经对私域运营区别于传统营销的内核——"持续触达的魔力"，有了一个相对清晰而透彻的理解。

但是，过犹不及，物极必反。当我们对此"魔力"在销售增量这一维度上的价值贡献笃信不疑时，也可能正是"简单粗暴、乱压指标"之日。

如果一家企业压重兵深耕某一私域，就会理所当然地拿这一私域在某段周期里、在某场活动中或在某个产品上，产生的销量、销量增量、复购率、复购率增量，来衡量此私域团队的运营绩效。而这恰恰是我们必须要避开的大"坑"。

为了成功避"坑"，我们必须有一把跨越时空的"尺"。

时间错位性与空间错位性

为什么那样做是"坑"呢？有两个核心原因，且都与"持续触达的魔力"密切相关（见图 1-9）。

一是私域运营与销量增长之间的时间错位性。

二是私域运营与销量增长之间的空间错位性。

	用户 1	用户 2	用户 3	用户 4	用户 5
第一次互动	公众号	小红书品牌号	抖音直播	公众号	抖音企业号
第二次互动	企微私聊下单	抖音企业号	公众号	企微私聊	抖音企业号
第三次互动		公众号爆款推荐	社群	企微私聊	小红书品牌号
第四次互动		企微私聊	抖音直播下单	企微私聊	社群
第五次互动		企微私聊下单		淘宝直播下单	社群爆款推荐下单

图 1-9

从图 1-9 中我们可以得出以下结论：

（1）流量与销量之间，不是 1 对 1 的关系，而是 N 对 1 的关系。

从用户 1 到用户 5，每个人在下单前与商家的互动次数都是不同的。当然，实际发生互动的时间点、相邻两次互动的平均时间间隔、最终消费时刻与第一次互动的时间间隔，也一定是迥然有别的。

但是，这揭示了一个道理：天下的生意都是互动出来的。

换句话说，每一次的成功转化是靠一次次的互动累积出来的。与用户在私域里的每一次互动，都对最终的价值实现发挥着重要的作用。只是，那个"最终价值"不能用简单粗暴的逻辑，以及"当期销量"来做评估。

如图 1-9 所示，假设用户与商家每次互动的间隔大约为一周，而商家的促销活动是每周一次，那么，如果我们考核私域运营团队在第一周活动中的业绩，结果就会为"0"。难道是私域运营团队在第一周里开展的所有与用户的互动没有价值吗？如果考核私域运营团队在第二周活动中的业绩，他们第二周的业绩就会是"1"，难道说第一周和第二周的运营仅仅产生如此"卑微"的效果吗？如果第五周的业绩是"3"，难道这就代表私域运营团队在第五周取得了里程碑式的业绩突破吗？如果不能，那么这个"3"对应的是哪一段时间的运营工作呢？

实际上，哪怕将考核周期拉长到月，逻辑也是一样的：实际发生消费的时间与私域运营的时间、销量考核的时间，无法简单地直接对应。

说到底，私域的本质价值不是提供"人找货"的货架（这是传统商店和传统电商做的事），而是构建了"货找人"的场景；不是直接实现商品流，而是重在实现信息流；不是流量收割，而是用户养成。

在私域时代，如果我们对一家企业进行估值，我们聚焦的核心不再是当期的销售额/GMV（商品交易总额）有多高，而是这家企业私域用户的生命周期总价值（LTV）有多大。

（2）种草场景与收割场景不是一一对应的关系，而是多对多的关系。

我们经常会对运营某个私域场景的团队设立一个与销售业绩相关的指标作为核心 KPI。背后的逻辑是"哪里种草，哪里收割"。

这会变得越来越不可能。

在当今的媒体环境之下，用户接触品牌与产品相关信息的渠道和场景是多元的，在未来，渠道和场景只会更多元化，可能是电商场景、社交场景，也可能是资讯场景、搜索场景等。

同时，用户下单的场景也是多种可能性并存的。一位用户有可能在线下门店、头条上、社群里、旗舰店里、百度上、朋友圈里、直播间里等，多次获取与某个品牌或商品相关的信息，而最后下单是通过企业微信完成的，或者是在一场淘宝直播、抖音直播中完成的，又或者是通过小程序拼购实现的。当然，也有相当大的概率是在线下某家商场、某个街边店里完成的。

随着需求的不断离散化，触点的不断离散化，这种现象只会越演越烈。

从图 1-10 中可以看出，从用户 1 到用户 5，与商家互动的私域场景各不相同，且都不止一个场景，最终产生购买的场景也都是"萝卜青菜，各有所爱"。

	用户 1	用户 2	用户 3	用户 4	用户 5
第一次互动	订阅号	视频号	淘宝直播	订阅号	抖音企业号
第二次互动	服务号	抖音企业号	服务号	企微私聊	抖音企业号
第三次互动	淘宝直播	小程序	社群	企微私聊	服务号
第四次互动	服务号	企微私聊	公众号	企微私聊	社群
第五次互动	企微私聊	企微私聊	企微私聊	淘宝直播	社群
第 N 次互动	……	……	……	……	……
购买场景	大卖场	专卖店	淘宝	腾讯直播	小程序

图 1-10

所以，**不仅曾经的"全域种草，天猫收割"一去不复返，而且，"哪里种草，哪里收割"也不现实。**

实际发生消费的场景，与私域运营的场景、销量考核的场景，不能简单地直接对应。

基于两个原因："私域运营与销量增长之间的时间错位性""私域运营与销量增长之间的场景错位性"，万万不可按照传统计算方式草率地将"销售业绩"列为私域运营团队的核心考核指标，否则，团队的积极性很快就会因为这些"力所不能及"的指标受到致命打击。

一把"跨越时空的尺"

红星美凯龙就曾利用 AB 对照法，造了一把"跨越时空的尺"，简单有效地解决了"私域运营绩效评估"这一难题。

由于家居行业的特性，绝大多数家装消费者在社群里是不会下单的，无论是大促时还是直播中，那么，如何评价红星美凯龙全国两万多个社群的实际业绩与价值贡献呢？

红星美凯龙总部将全国经社群运营的用户作为一个研究样本，将非社群用户作为一个对照样本，比较每一个样本里消费用户在红星美凯龙的平均消费总额，也叫作平均客总价，即一个买过橱柜、卫浴、地板、床垫、沙发的用户的消费额总计。结果发现社群用户的平均消费总额是非社群用户的 1.6 倍，而且，这是全国平均值。对于部分商场，社群用户的平均消费总额是非社群用户的 3～4 倍。

有人可能会担心样本量会不会太少，事实上，红星美凯龙运营的两万多个社群覆盖全国 300 多万名中高端家装周期内的用户，其中的消费用户占总体消费用户的四分之一。

简单来说，红星美凯龙的做法，其核心就是将某私域用户与非某私域用户进行对照分析。

进行运营绩效评估的私域场景与进行销量统计的私域场景或公域场景，往往是不同的场景，而且后者可以是多场景，且可以包含前者。

某高端消费品品牌聚焦运营的私域场景是一对一的企业微信（以下简称企微），而消费者实际购买所发生的场景包括专卖店、大卖场、电商旗舰店等。那么，针对企业微信运营团队的绩效评估，就可以通过以下步骤进行（见图 1-11）：

（1）将用户分为"企微用户"与"非企微用户"。

（2）分别针对这两类用户，统计相同周期内在各个场景里的销量，即"a1+a2+a3+a4"与"b1+b2+b3+b4"。

（3）将企微用户与非企微用户在相同周期、各个场景里的销量进行对比分析。

	电商平台销量	小程序销量	大卖场销量	专卖店销量
企微用户	a1	a2	a3	a4
非企微用户	b1	b2	b3	b4

图 1-11

红星美凯龙还曾利用以下方法，实现了对私域运营团队业绩表现的全面数字化评估，如图 1-12 所示。

（1）公域与私域：针对同一营销活动，将公域广告获客 ROI（投资回报率）与私域推广获客 ROI 进行对照分析。

（2）Before 与 After：将当下私域推广获客后的活动参与率、销售转化率等与历史同期的情况进行对照分析。

（3）A 团队与 B 团队：将同级的采用传统营销模式的团队（设为 A 团队）与采用私域营销模式的团队（设为 B 团队），在同一活动，或者同一周期、同一项目上的业绩及 ROI 进行对照分析。

简单来说，其核心逻辑就是：利用对比分析，屏蔽了有关"时间"与"空间"的各种复杂因素，屏蔽了对绩效评估的客观性与准确

性带来的严重干扰，相当于造了一把"跨越时空的尺"，实现了对
私域运营绩效的客观完整的数字化测量——"运营私域，考核全域；
运营在当下，考核全周期"。

图 1-12

复购率不是唯一答案

不是每个行业都能出现短期高频复购的，不是只有带来复购
率的提升，才能证明私域运营的价值。

家装、家具、建材、汽车、房产、电器、珠宝、眼镜、教育、
理财等，这些行业都是商品消费周期很长、复购频次很低的行业，
这些行业的特质并不会因为私域的出现而发生改变，因为这些行
业的特质根源于消费者的实际需求和使用场景。

那么，对于这些行业，私域有没有用呢？

当然有，并且有大用。这个"大用"不在于复购率，而在于转化率。

私域之所以能够在"转化率"这一点上发挥大用，其背后推手依然是"持续触达的魔力"。

低频高客单的行业都是重决策的行业，也是商家与用户之间信息不对称的行业，是消费者需要大量信息辅以消费决策的行业。显然，私域在此处大有可为。

一个正在进行家装的消费者为了买墙壁开关，到红星美凯龙逛了公牛、西蒙、TCL、德力西等品牌店铺，然后，回到家继续在网上做功课，甚至把每个品牌的官网信息、旗舰店信息、口碑信息都查一遍，同时，听取朋友的建议，与设计师、家人商量，最终做出一个慎重且大概率还是很纠结的决策，购买了其中一个品牌的墙壁开关。

在消费者第一次接触公牛时，无论是在线上还是在线下，到做出最终购买决策的这个阶段内，如果公牛尽早地与这位消费者建立联系，比如让消费者加公牛的企业微信号，甚至拉其入群，尽力地通过各种图文、视频等内容介绍产品，通过直播活动生动地介绍产品卖点并展示破坏性试验，通过节庆活动或群专属团购推广爆款或套餐，通过分享买家秀的不同风格的实景美图，与这位消费者保持温暖的、真诚的、专业的、有干货又礼貌节制的互动沟通，我相信公牛最终将完胜其他很多品牌。

低频高客单行业的获客成本高是许多行业普遍存在的"重病"，而私域运营带来的高转化率正是一剂对症下药的妙方，价值之大，毋庸置疑。

所以，对低频高客单行业来说，考核"转化率"才是正解，且统计范围不能仅仅局限于某个私域，而是尽量完整地覆盖用户有可能下单的所有场景。这个要求看起来不太实际，其实不然，只要我们在统计转化数据时不从场景出发，而从用户出发，不只依赖直接统计，而多采用对照分析，就一定能够找到事半功倍的方法。

第四节　"持续触达的魔力"引发的三大连锁反应

私域，是公域获客的引擎

从数据的角度看，公域、私域是相辅相成的。

在数字时代，我们有机会在公域里精准"捕鱼"，精准地实现"货找人"，只需要我们绘制出精准、精细的用户画像。然而，如果没有私域，没有持续地与用户互动，哪来的精准用户画像呢？

基于大数据的精准广告投放，即"公海精准捕鱼"，也已经发展了十多年，原本只是利用阿里巴巴、腾讯、字节跳动、百度等大平台自身的数据，限于数据的行业深度和新鲜度，实际投放的精准度很快就到达了天花板。

近两年，基于各行各业领先品牌花大力气建设的一方数据中台初步成熟，私域数据充分输出价值，品牌商能够拿私域用户画像在公域里进行放大。至此，基于大数据的精准投放效力瓶颈才被击穿，提升空间才得以持续释放。

私域用户数据沉淀是造画像的基石。

对于一家线下企业，要尽可能将线下用户行为数字化，更重要的是要尽可能增加与用户在线上私域里的各种互动，从而轻松地累积更大规模、更多维度的用户数据，包括内容互动数据、社交互动数据、活动互动数据、逛店互动数据和线上消费数据，进而才能绘制出更清晰、立体、鲜活的用户画像。

对于一家线下企业，沉淀线上私域用户数据，比实现线下门店用户行为的数字化来得更重要、更容易，也更有价值。但是，很多企业在这个问题上由于惯性思维而想反了。

事实上，如果没有通过新媒体与用户互动，线下企业能有的最多只是公海广告数据和部分线下销售数据。

正是新媒体生态的成熟实现了私域用户互动，才为传统企业的大数据技术应用带来取之不尽的"石油"。

另外，必须一提的是：如果有条件，建设一方数据中台，会有效解决不同私域场景之间、不同公海平台之间、私域与公海之间的数据孤岛问题，让"私域精细养鱼"产生的数据源源不断地为"公海精准捕鱼"输送更大量、更高级的能源。

以红星美凯龙为例，基于数据中台的全网精准广告投放，让红星美凯龙公海捕鱼的留资获客成本连续 20 个月环比下降，下降了 92%。

从预算的角度看，公域、私域也是相辅相成的。投放后能否沉淀到私域内，并持续产生复购，考验私域精细化运营能力。

如果没有强大私域运营能力就不会产生转化和复购，大部分用户都只是一个过客，最多只是一次性买卖，此时，对投放的 ROI 要求就会很高。

反之，如果私域运营能力强、转化高、复购多，企业就敢用更多的预算进行公域投放。

从流量角度来看，公域、私域也是相辅相成的。

很多内容平台都会通过算法对优质内容加持流量，比如淘宝、抖音、小红书、知乎、头条等。

如果有私域，每发一次内容，就会首先在私域里推送，被很多人阅读或观看，甚至转发，如此，这一内容的内容平台的阅读量、观看量、点赞量、评论量、转发量和加粉量就会比较高，从而得分就会比较高，就会得到公域里更多的免费流量加持。

其实，对于淘宝直播来说，也是这个道理。如果利用私域将大量用户吸引到淘宝直播间，各项指标就会更好，从而排名就会靠前，那么，得到淘宝公域流量的支持就会更大。

抖音的公域与私域也是相辅相成、相得益彰的。从公域获取粉丝到私域的转化率可以做得很高，如果一个短视频内容做得好，几万、几十万、甚至上百万的粉丝就会游到池子里。接着，这些抖音私域粉丝就会推动后续各个视频的评论数、停留时长、互动点赞数，进而在抖音平台算法的魔力之下获取更多公域新粉。

还有跨平台的、用私域流量换公域流量的模式：让微信私域中的用户打开支付宝，搜索并参与企业在支付宝的活动。这是在利用支付宝的一些政策。比如，你从外部拉流量进支付宝，拉一个UV（即Unique Visitor，一位用户）会返给你300PV（即Page View，用户对一个页面的一次访问）。

以上就是拿私域流量换公域流量的打法。

以上是从"人"的角度来看私域运营对公域获客的贡献，下面我们从渠道和内容的角度再看一看。

以前，企业在各种媒体上投广告、在各种场景中做地面推广、在各种社交平台上发言，但因为无法获取触达用户的互动数据与消费数据，所以，企业无法评估哪一家媒体、哪一个场景、哪一个平台的ROI更高，并且高在哪里。

如今，有了私域，就可以利用二维码、直接调转、领券留资等方式，将曝光、点击、留资、领券、消费等行为进行全链路打通，并且所有数据完整地、合法地归品牌商所有。

这样，我们就可以清晰、精准、实时地分析所有渠道的ROI，从而实现高效的渠道组合策略的持续迭代。

同时，因为所有的数据被完全沉淀，品牌商能轻松、精准地实现对已触达用户的二次营销，换句话说，就是持续而精准地为用户提供个性化服务。

其实，从内容的角度来说，道理也一样，私域运营能够让我们清晰、精准地识别出每一条广告、每一次内容发布、每一次活动的 ROI。从而让我们在公域获客时实现对创意策略、内容策略、活动策略与互动策略的持续迭代。

所以，私域是公域获客的引擎。

私域，是数字化绩效管理的引擎

当企业认真运营私域时，一定会发现：私域在实现绩效管理数字化上发挥的效力超越想象，而绩效管理在实现数字化之后所能释放的增量价值，也是惊人的。

要想做好私域用户运营，真正做到精准地、持续地触达用户，就必须把所有与用户相关的数据都串起来，把从潜客互动到持续复购、裂变转发的前后链路连接起来。有意思的是，什么数据与用户无关呢？几乎没有。

这些数据一旦连接、打通，不仅会让私域运营如虎添翼、快速迭代，同时，会产生一个副产品。

下面拿红星美凯龙举例。

作为一家零售商，红星美凯龙每个月都要做全场促销活动。

以前在每次做促销活动时，每家商场的总经理都要召开动员大会，号召所有员工、所有商户去干一件重要的事。

去干什么呢？去做推广，为这场促销活动蓄客引流。但是，从绩效管理的角度来说，动员会上商场总经理的那一番激情澎湃的讲话可谓是空话，因为总经理无法得到每位员工、每个商户为此次促销活动引流的绩效数据。

负责地面推广的每一位员工，今天去小区做蓄客了吗？他有多用心，他的方法奏不奏效，或是转了一圈儿就回家了？他把单页都发到正在装修的业主手中或驻家施工的装修师傅手中以便代转业主了吗……管理者都无法知道。

对于商户来说，道理也一样。蓄客引流是要耗人力的，是需要成本的。哪个商户不希望旁边的邻居们卖力点儿，从而使引到商场的每一个顾客都是自己的精准潜客。没错，这不就是三个和尚没水喝的故事吗？

所以，没有数据的绩效管理就是"大锅饭"的温床。

2020年年初，红星美凯龙在淘宝平台上做直播，但是淘宝直播的数据与红星美凯龙的大数据中心没有打通，所以，在一场全国的直播活动中，真正来自全国每家商场的流量非常小。为什么呢？

因为数据没有打通，这就意味着无论这次直播有多重要，总部都没办法考核每家商场活动的引流绩效。而与之形成鲜明对照的是：差不多同一时间，在腾讯看点上开展的全国直播活动则是场场火爆，且每次活动都不需要总部花预算去引流，以及花精力向平台争取免费资源，全国 400 多家商场的私域流量大得喜人。

相比从前，实现数字化私域运营之后的红星美凯龙，任何一次活动，任何一次推广蓄客，其绩效管理的颗粒度都可以细到人，更不用说细到小组、商户等。总部和商场管理层、项目领导，都能够及时了解每位员工、每个团队为一次活动有没有去蓄客，获得了多少点击、留资，这些潜客中有多少人领券、预订，后续又有多少个客户消费了多少元等，完整的链路数据全都有。

如此，想怎么考核都行，想怎么对比分析都可以。

同比、环比，同级商场之间比，不同策略的商场之间比，一家商场的不同楼层小组之间比，同级商户之间比，同品类商户之间比，一个商户的不同导购之间比，比每次活动、每个环节的最佳实践案例，自然就水落实出了。而以前，无论是对于商场还是商户，哪一个才是真正值得研究和学习的优秀案例，都只能凭实操人的一张嘴，凭管理者的印象分。可以想象，这一前一后的差异有多大。

千万别小看这个改变所释放出来的巨大能量。

有了数据，就有了竞争。而良性的竞争能够激励每一位员工、每一个商家的巨大潜能。

以前，红星美凯龙商场做活动更多依靠商家引流。现在，红星美凯龙利用私域用户运营源源不断地制造流量，并通过开展超级品类节、超级品牌日、惊喜狂欢夜直播等活动，将流量输出给各个商家。

红星美凯龙的全国400多家商场在私域运营这件事上，能力参差不齐，大量活动营销数据证明：同等级但私域运营能力不同的商场，同期促销活动的流量及销量相差5～15倍。

私域，是DTC模式的超级引擎

仔细研究DTC（即Direct To Consumer，是指无须借助第三方平台或中间渠道环节而直接面对消费者的营销模式）的各行业典型案例，比如国外的Casper床垫、Warby Parker眼镜、The Ordinary营养素、Pyndela护肤品、Dollar Shave Club剃须刀；国内的完美日记、花加、华住等，我们不难发现，有明显的共性。

（1）实时沉淀、深度洞察一手用户数据。

（2）快速反馈用户需求。

（3）与用户共创新品。

（4）缩减销售渠道数量。

（5）全链路、全场景提升用户体验。

（6）与用户高频互动。

（7）建立会员制和订阅制。

以上这些共性都与私域紧密关联，与"持续触达的魔力"密切相关。所以，没有私域，DTC 必定会因为缺乏"基础建设"，而仅限于纸上谈兵。

所以，私域是 DTC 模式的超级引擎。

将欲取之

必先与之

用 户 服 务 的 高 级 范 式

成功运营私域的前提，在于领悟那本"念给用户的经"。

如果企业对私域运营的发力点主要聚焦在"套路和模式""规模与绩效"上，而没有真正将"用户服务"这本"经"念念不忘，那么，十有八九，企业大部分的时间、精力与资源都放在"本末倒置"的无用功上了。可想而知，运营结果持续不理想几乎是确定的，至少也是大概率的。

这"经"怎么念呢？

将欲取之，必先与之。

第一节　私域，为产品创造增量价值

"卖产品"与"造产品"

说到私域，大家会想到的是"卖产品的地方"，但其实，私域是"造产品的地方"。而且，后者是前者的前提。

"私域用户拉新规模上不去，用户的活跃度低、流失率高，销售转化率在低位徘徊，ROI 值非负即低，复购率低且不断走低等"，这些都是日常运营中困扰每一位私域人的"效果类"难题。

为了寻找答案，为了在关键指标上不断精进，企业不断参加各种学习班、组织各种内部培训，不断地从实践中总结各种运营技巧。

这些聚焦在营销维度上的学习与实践可以解决一些问题，但无法解决全部问题，而且，能解决的多是"露出水面"的那一小部分。

爱因斯坦曾说：

"你无法在制造问题的同一思维层次上解决这个问题。"

从用户的角度来看，我们就会发现：企业要想让用户留在私域并不断地贡献价值，就必须给用户一个明确而坚实的、在私域里"留下来"与"买下去"的理由。

这就如同企业营销产品一样，首先需要确立一个定位，即给用户一个明确的购买理由。

总而言之，要想获取用户价值，首先必须为用户创造价值。

现实中，从不同的维度上看问题，会对企业的策略制定产生根本性的影响。

从营销的维度来看，企业可能认为私域运营做得不好，并无大碍，甚至不做也罢；哪怕对手把私域做得很好也没关系，我们在其他营销方式上发力，生意照样做。

从产品的维度来看，企业可能认为必须要做好私域，因为私域对于产品升级至关重要，而自己的产品或者服务不能比对手的差，否则，很快就会被用户抛弃。

看问题的角度不同，每天念念不忘的"那本经"也会大有不同。

站在价值交换，即营销的角度看私域，企业梦寐以求的是"几千万名粉丝""几十万名导购""几万个群""几亿人次点击量""几倍销售增量"等这些能让每家企业心潮澎湃的数字。

站在价值创造，即产品或服务的角度看私域，我们孜孜以求的是"好喜欢""好贴心""好方便""好及时""好实惠""好有意思""好专业"等这些来自每位用户的心满意足的好评。

前者的重心放在了私域对企业的价值上，而后者的重心放在了私域对用户的价值上。

很多企业的私域做得好，从表面来看，会发现它们的运营模式的确更合理，运营技巧的确更先进；从深层次来看，很可能会得出一个简单的结论：做对了、也做好了对用户来说最重要的事。

什么是对用户来说最重要的事呢？

造更好的产品或服务。

在私域时代之前，企业无法为用户提供即时的、主动的、个性化的、持续的、丰富的线上服务，**私域特供服务的特性如图 2-1 所示。**

图 2-1

即时的：第一时间的、随时随地的、不限时空的。

主动的：不仅即时响应用户主动发起的服务请求，还会洞察用户的需求，不断主动地与用户互动，激发和满足用户的需求。

个性化的：不以用户不需要的内容、产品与服务去骚扰用户，为用户的个性化需求研发并提供相应的产品、内容、权益与服务。

持续的：在一个消费决策链路上，与用户持续充分地互动；在整个用户生命周期里持续服务用户。

丰富的：包括且不限于新品推荐、新品定制、促销推荐、促销定制、专家顾问、贴心助理、社交平台、内容订阅、直播推荐、直播定制、品类导购等各项服务。

私域让一些对用户来说属于刚需、但从前却无法实现的服务变成了现实。从本质上来说，这些服务是一家企业提供给用户的一个完整产品的组成部分，对提升用户体验、提升竞争优势来说，是非常重要的部分。这些服务的加入意味着产品的升级。

谁造不出，谁出局

谁造不出这个升级后的"完整产品"，谁出局。

如图 2-2 所示，企业 B 给予用户的价值贡献必然比企业 A 多，进而必然出现图 2-3 和图 2-4 所示的运营结果，即企业 B 从用户那里得到的价值回馈也一定远超企业 A。

	总价值									
	产品价值	服务价值								
	使用产品	新品推荐	新品定制	促销推荐	促销定制	顾问咨询	贴心管家	优质内容	直播活动	社交平台
企业 A	√									
企业 B	√	√	√	√	√	√	√	√	√	√

图 2-2

企业 A	企业 A 的用户复购情况						
	购买产品	复购	购买其他产品	复购其他产品	口碑推荐	购买会员资格	高客单价
用户 1	1		1				
用户 2	1						
用户 3	1	1					
用户 4	1				1		
用户 5	1		1				
用户 6	1						
用户 7	1						1
用户 8	1	1					
用户 9	1						1

图 2-3

企业B	企业B的用户复购情况						
	购买产品	复购	购买其他产品	复购其他产品	口碑推荐	购买会员资格	高客单价
用户1	1	1	1	1	1	1	
用户2	1	1			1	1	1
用户3	1		1	1		1	1
用户4	1					1	1
用户5	1	1	1	1		1	
用户6	1	1	1	1		1	1
用户7	1						
用户8	1						1
用户9	1	1	1	1		1	1

图 2-4

显然，企业 B 是指那些利用私域为用户提供各种服务的企业，它们所创造和得到的价值，无论从总体上看，还是从平均单个用户上看，都远超没有私域运营能力的企业 A。

如图 2-2 所示，企业 B 在私域里为用户提供新品推荐、新品定制、促销推荐、促销定制、顾问咨询、贴心管家、优质内容、直播活动、社交平台与品类导购等服务，因此，这些用户在复购、联购（即购买同一家企业的其他产品）、客单价、会员费、口碑裂变等方面，为企业 B 带来的消费贡献和传播贡献会远远多于企业 A 的用户。

企业 B 通过让用户享受私域提供的各种服务，不仅让用户产生了更多的复购与联购，还使单个用户的价值贡献显著提升，甚至倍增，而且让用户口碑的美誉度与裂变率都得到大幅提升，所以，企业 B 一定比企业 A 拥有更多的用户。

企业 B 完胜。

尽管现实中的企业不可能同时为用户提供如此丰富的私域服务，但是，逻辑一致，结论不变。

得出这个结论是一件大事，仅仅有表为证还不够，还需要我们具体分析企业 B 利用私域到底可以实现哪些服务，那些服务如何实现对产品的再定义。

四个关键问题的探讨

在探讨之前，我们需要先把下面四个关键问题讨论清楚：

（1）什么是产品？

（2）产品与服务的关系。

（3）营销与服务的区别。

（4）用户对服务的实际需求。

一、什么是产品

关于产品的定义，目前有两个学术方向：一个是以"营销管理"为定位方向；另一个是以整个"企业管理的基础概念"为定位方向。

● 营销管理方向

产品的定义：作为商品向市场提供的，引起注意、获取、使用或者消费，以满足欲望或需要的任何东西。

产品一般可以分为 5 个层次，即核心产品、基本产品、期望产品、附加产品、潜在产品。

（1）核心产品是指给购买者提供直接利益和效用的产品。

（2）基本产品即宏观化的核心产品。

（3）期望产品是指顾客在购买产品时，一般会期望得到具有一组特性或条件的产品。

（4）附加产品是指超过顾客期望的产品。

（5）潜在产品是指在未来可能产生改进或变革的产品或开发物。

产品是以使用为目的的物品和服务的综合体。产品的价值是由用户来衡量的。

- 企业管理方向

产品的定义：人们在实现需求的过程中，与实现需求相关的全部感知事物及意象的集合。

产品是企业与外部世界的唯一联结，也是企业生存的唯一依托。

鉴于以上定义，我们可以简单地理解"产品"：一部分是以实物形态存在的，另一部分是以服务形态存在的，两者加起来，才是完整的产品。

私域，让产品真正完整起来。

二、产品与服务的关系

关于产品与服务的关系，有以下 3 种主流观点：

（1）服务是产品的一部分。

（2）产品是服务的一部分。

（3）产品与服务是并列关系。

无论哪一种观点，都有其妙处，我们不必纠结哪种观点更完美、更先进，因为我们真正需要关心的是这3种观点背后的共性——服务价值很大，服务与产品密不可分。

实际上，从某些角度上看、某种程度上讲，在很多商战场景里，服务产品的价值比实物产品的价值更大。

这一点，对于当今的主流用户——从"70后"到"00后"尤其如此，对于未来的消费者来说，一定更会如此，只会"有过之而无不及"。

基于服务产品所创造的差异化竞争优势，在当今乃至未来商战中的战略价值只会与日俱增。

因此，服务化（Servitization）这个概念在1988年由Vandermerwe和Rada两位学者提出后，就在各国、各行业广泛普及并持续引导实践。

三、营销与服务的区别

营销是价值交换的过程，服务是价值创造的过程。

营销的本质是在用户与企业之间实现需求与供给的匹配，即实现价值交换，并不在这个过程中创造价值。

服务的本质是满足需求，即价值创造。同时，在这个过程中，往往会促进相关实物产品或其他服务产品的营销。

针对用户投放不匹配需求的广告，是营销，不是服务。

针对用户一遍遍投放匹配需求的同一广告，是营销，不是服务。

向用户推荐合心意的新品，是服务，也是营销。

与用户持续互动，从方方面面推介一场匹配需求的促销活动、直播活动，是服务，也是营销。

为用户提供产品定制、顾问咨询、优质的非商业化内容、贴心提醒、社交平台，等等，则是典型的服务，而非典型的营销。

其实，"给我不需要的信息""反复给我已经知道的信息"，都是无聊的广告；"给我有用的信息、定制的权益和贴心的便利"，都是很好的服务，这其中是不是夹带了广告，不重要。

四、用户对服务的实际需求

比如，您喜欢一个品牌的服装，经常逛这个品牌的线下专卖店，您是不是每次都希望看到很多新品、一些爆款、一场促销活动，希望得到优质的导购服务，甚至是专家顾问级的穿搭推荐等。

如果您现在已经不习惯到线下专卖店购物，那这些需求消失了吗？

肯定没有。但是，这家品牌企业却无法通过线上的公域建构提供这些服务的能力。

唯有私域，可以解忧。或者说，只有私域才能特供这些"高级的"服务。

私域时代，全面开启用户服务的高级范式。

有了私域，无论传统企业原来线下有没有独立终端，都完全有机会在线上为用户提供更好更多的服务，包括新品推荐、新品定制、促销推荐、促销定制、顾问咨询、内容订阅、贴心管家，等等。无论免费的或收费的，都是用户需要的、喜欢的，并不断给用户惊喜。

定义有了，需求也确定了，几个相关概念之间的关联与边界也厘清了，接下来，我们就可以更深一步地探究私域，探究它在营销之外的产品方面能够为用户创造的价值具体有哪些、价值有多大，以及各行业的领跑者在这方面的进展如何。这一过程也将直接帮助我们厘清以往私域运营得失背后的规律，以及未来在私域运营重心上的设计思路。

讨论私域营销，核心是在深究如何利用私域为企业获取价值。

讨论私域服务，核心是在深究如何利用私域为用户创造价值。后者比前者意义更大，而且后者是前者的前提。

第二节　范式一：新品服务

以前，谈到新品，我们满脑子都会想到营销与广告，想着如何让用户高效"洗脑"，给更多用户"洗脑"。如今，我们必须尽早意识到并充分利用新品在私域时代能为用户带来的服务价值、为私域带来的运营价值。

新品服务的内涵

新品营销向来不易，因此，新品营销向来是各行各业营销人的大事情，营销人有没有两把刷子，在这件事上足以见真章。

其实，对于很多用户来说，新品何尝不是一种刚需呢？

当用户钟情某一个品牌时，无论它是西贝、喜茶、利郎、李宁，还是良品铺子、盒马，或是蔚来、小米、元气森林、钟薛高、王饱饱、拉面说，等等，用户会不会很期待品尝到或体验到企业不断研发上市的新品呢？

当你是西贝、喜茶、利郎、李宁的忠实粉丝时，得知西贝又出了麻辣味的牛棒骨，喜茶出了一款花露水味的奶茶，利郎推出了一件运动、休闲、商务三穿的夏季轻薄款九分裤，李宁成功研发了一个既能加热又能制冷的运动护具系列，等等，你是不是很开心呢？

既然有明确的需求，甚至是刚需，那么，按照对产品的定义，根据用户的个性化需求，就要不断为用户推荐新品，即以生动立体的内容形式，比如图文、视频或直播活动，在新品上市的第一时间甚至在正式上市之前，为用户细致推介新品的设计理念、独特卖点、适用场景，以及贴心地提供试用装、新品尝新价等，这是在提供一种很高级的服务。

除个性化的新品推荐，定制专属新品、参与新品首发、尊享限量款预购或抢购资格，甚至参与新品共创，则是每一位用户渴望的、更高级的与新品相关的服务，如图 2-5 所示。

图 2-5

新品服务，私域特供

以前，即使有这些新品，也没有企业可以为用户提供与之配套的高级服务。

虽然品牌店都在不断地推陈出新，但是，用户知道哪些是适合自己的新品吗？用户知道适合自己的那一款新品何时上市、去哪里购买吗？

简而言之，用户渴望新品，但是，有如下 3 个痛点：

（1）得不到及时的信息。

（2）得不到需要的信息。

（3）得不到详细的信息。

仅仅研发出新品、终端上架好新品，并不能真正满足用户的需求，用户还需要新品推荐的服务，以及更高级的相关服务。

再来看看品牌商的痛。"有能力生，没能力养"，一直以来都是各个行业的品牌商在新品营销中遇到的痛点。

每个品牌商都渴望让自己的老用户率先尝试新品，率先成为种子用户，并且给出中肯的意见反馈。但是，在以前，品牌商没有能力"及时地、主动地、精准地、持续地、详细地、可交互地"将合适的新品信息传递给适合的用户。

仅通过电话、短信、邮件、DM、广告等传统的营销方式，品牌商无法广泛地、高效地、反复地触达用户，同时，这些传统的营销方式无法让用户快速地给出自己的反馈并得到即时回馈，即没有流畅的互动。另外，还有两个硬伤：一个是由于品牌商没有每位用户的画像，所以无法将合适的新品与合适的用户进行精准匹配，即无法为用户实现新品的精准推荐；另一个是在这些触达方式中，除了用邮件发送电子广告，其他触达方式都无法承载复杂而生动的内容，当然也就无法清晰、详细、高效地向用户介绍每个新品的设计理念和独特卖点了。

事实上，很多新品类和新产品在品质、功能、工艺、文化、设计等方面具有较高的差异化，此时，要想让新品被目标用户充分知晓和了解，就需要品牌商与用户之间有一个充分的沟通。要实现"充分"，既需要持续多次的互动，又需要在互动中采用一些能够承载大量讯息的、形式丰富的内容，比如图文、视频、直播，等等。

花很多钱打广告，不是一样可以做到让新品人尽皆知吗？

逻辑上看似没问题，实操上效率很低。所以，在现实中，无论从前、现在，还是未来，大多数企业的绝大多数新品不会使用专项营销预算做大规模的传播推广，只会进行渠道铺货和货架陈列，那些能在终端通过地面推广、端架、DM或导购进行上市推广的新品算是得到很好的待遇了，对于那些能获得专项预算大力度投放广告的重量级新品，绝对算是"货中龙凤"。

所以，新品有很多，能让目标消费者有所耳闻或见上一面的却很少。即使有再多的新品，对于广大的目标用户来说，不知道就等于没有；而且新品开发越多，意味着资源浪费越多。

"我喜欢你们的品牌，我希望能不断体验和消费到你们的新品。但是，你们的服务没有很好地满足我这个需求。虽然我以前很喜欢你们的产品，但现在慢慢地有些不喜欢了。"

这就是消费者的真实心声。

一边是刚需满满，却只能嗷嗷待哺；一边是新货满仓，却只能守株待兔。

显然，随着用户需求的加速离散、媒体触点的加速离散，新品推广费用必然会越来越高，而效力会越来越差。

怎么办呢？唯有私域，可以解忧。或者说，只有私域才能特供这种"高级的"新品服务。

哪里有精准的、大量的新品目标用户呢？

大概率下，一个品牌的原有用户都是或相当一部分是新品的目标用户。私域里拥有的正是大规模的既有消费用户，包括重度消费用户。他们对品牌拥有一定的认知甚至偏爱，最可能愿意尝试新品，最有动力推荐新品。对于这样的优质用户、种子用户，企业怎么能错过呢？又怎么能让这些用户失望呢？

有了私域，企业不仅不会错过优质用户、种子用户，而且可以运用各种丰富而生动的内容形式，免费地、高频次地、针对不同人群个性化地对目标用户进行精准互动与直接服务。

而且，私域用户对品牌的认同与偏好更强，对私域场景的信赖度也更强。

所以，有了私域，新品推广的速度、效率、效果必然倍增，只是提升几倍、几十倍的区别而已。

利用私域，为用户提供新品服务，还有其他方法。

很多新兴国潮品牌，包括很多 DTC 品牌，已经利用私域在新品研发过程中很好地实现了与用户共创，从而收获了大量的奇思妙想，收获了私域用户的超级参与感与超预期体验，收获了一批批的种子用户与 KOC（Key Opinion Consumer，关键意见领袖）。

相应的一部分用户已经把能够参与新品研发的过程，或是能够抢先"品尝"新品，看作一种极为珍贵的特殊权益和殊荣。

其实，关于新品服务，除了新品推荐服务、新品共创服务，还有一个虽然看上去很简单，但实际上用户感知特别强烈、企业供给也很容易且确有实效的服务，即为私域用户提供私域专属新品，以及尊享新品购买的特殊权益。

唯你独尊，为你专供。

越来越多的品牌把新品、限量款、IP 联名款的首发甚至唯一发售渠道，或是样品的试用中心放在私域里，比如兰蔻、丝芙兰让私域用户享受新鲜体验的同时，不断累加着私域用户对品牌的偏好度，并使私域用户自发成为新品口碑推荐大军的一员。

李宁品牌在这方面上是一个典型。李宁将新款、IP联名款、限量款商品在小程序首发作为私域运营的一个核心策略。消费者可以在小程序上进行预订、购买。李宁通过高度差异化的稀有产品吸引了私域核心用户，向他们持续传递不断演进的品牌文化，并借助核心用户具有的超强社交能量，提升新品力和品牌力。

乐乐茶的新品冰博克上线，就是在私域里做首发的。一方面，为私域用户带来独享的新鲜体验，另一方面，依靠私域里的重度老用户实现冷启动。冰博克本身是做咖啡时用的一种浓缩奶，把它用到茶饮中还是第一次，茶饮用户对此完全没有认知，并不会在看到广告的第一时间有尝试的兴趣。此时，重度老用户的"超能力"就凸显出来了，重度老用户帮助乐乐茶快速裂变，使很多用户通过重度老用户的分享去购买产品。

在私域里推广新品不是一种消耗，而是最好的"能量补给"。因为私域运营需要内容，而新品的相关信息是用户最喜欢、最需要的内容之一，也是最能体现品牌活力和科技实力的内容之一。

有了私域，新品这件事，其核心会从营销推广变成定制服务，或者说，会从花大钱的营销变成赚大钱更赚口碑的服务。

所以，私域是新品服务的特供之域。

各行业案例

下面来看一些真实的案例，如图 2-6 所示，看看不同行业的先锋品牌在新品服务方面如何成功地利用私域为用户提供"心仪许久却从未如愿"的高级服务，从而实现私域的成功运营、新品的成功推广，以及品牌口碑的成功裂变。

图 2-6

一、西贝

下面关于西贝的案例是我亲身的经历，值得关注，因为西贝做了一件"战略级"的大事：不是通过在私域里分享西贝门店的各色菜肴，来争取更多的外卖订单或来店人数，而是持续推出一款又一款新鲜果蔬产品与包装食品。这一做法完美地利用了西贝的品牌资产与私域在提供新品服务上的独特价值。

我相信，这一做法源自西贝对西贝用户需求的深刻洞察：西贝用户对西贝在原材料品质与食品加工品质上的执着与坚守，有着普遍的高度认同，因此，用户希望可以购买到由西贝甄选的更多新鲜食材和由西贝加工或品控的更多包装食品。西贝的私域新品如图 2-7 所示。

图 2-7

以下是西贝在私域里为用户提供新品服务时的"原版话术"：

"去年没有吃够白兰瓜的瓜友们，今年的白兰瓜即将上线，可以开启预订模式啦！"

"**新疆小红杏**，这次只上线两周，共 2000 份，昨天上线后瞬间就卖出 1000 多箱，数量有限，想吃的抓紧啦！错过就只能等明年了。"

"万事开头难，想当年我们第一次卖**白兰瓜**，就想着这瓜甜，想让咱家顾客也尝尝，立马拉了一车来北京，结果坏了半车，现在我们用了货车中的劳斯莱斯冷链运输，我们终于可以说：'我们只是大自然的搬运工啦！瓜已到店，欢迎来吃瓜。'"

"最近好多顾客都在问我，你们商城什么时候上今年的**新枣**，这不宝林哥最近就在寻枣，大家期待已久的新枣马上上架啦！"

"它来了它来了，它带着甜蜜走来了，个大多汁，甘甜清新，快收下这份属于你的春日限定吧！**实建褚橙**限时包邮。"

"老人、孩子都爱吃的小零食，双层海苔夹着浓香的白芝麻，又脆又香。甄选限时活动，**夹心海苔**（4 罐装）原价 103.6 元，现 VIP 79.9 元，普通会员 99.9 元。"

"各位西贝家人们，9 月 1 日（明天）起**杂粮月饼**在甄选商城的售卖就要恢复正常价格了。现在普通会员 288 元/盒，VIP 258 元/盒。门店也有现货，有需要的用户可以根据自己的需要下单。"

"薅羊毛"的时候总想 @ 你们，我家甄选'6·18'限时福利！**酸菜鱼**两盒装 89.8 元包邮到家，下单还赠绝配款粉丝，快扫码上车。"

"我家甄选人气王！**手撕牛肉干**，肉味浓，有嚼劲，抄底价 99 元两盒包邮！快趁活动多囤点。"

半年前，因为要参加一个玉米爆款产品的拼购，我加入了一个名叫"功夫美食秒杀群"的西贝社群，从此，口水越流越多，买买买，停不下来。这期间，我明显地感受到西贝的包装食品越做越丰富，越做越有"感觉"。

🔔今日限量秒杀推荐🔔

🥖【有机燕麦米】500g

原价 21.9 元 | 秒杀价 12.9 元

保质期到 10 月 4 日，介意勿拍

🥩【西贝儿童牛排】10 片装

原价 149.9 元 | 秒杀价 129.9 元

🧇 专门为儿童定制的牛排

🐂 选用内蒙古草原牛，整部位原切牛眼肉，口感软嫩多汁，天然又营养

⏰ 调理腌制，只需 3 分钟即可享用美味，宝宝都爱吃

独立包装，更方便储存

「省省购」领券下单更优惠哦

🛖 天热不用下厨房，明火直接加热，一顿好饭省时
省力
◈ 东北酸菜白肉 39 元
◈ 黄金咖喱鱼蛋 39 元
◈ 清汤扬州狮子头 45 元
◈ 江南蜜汁酱香鸭 49 元
◈ 完熟番茄炖牛腩 55 元
◈ 蘑菇汤莜面鱼鱼 39.9 元
◈ 手工牛肉粉条大包子 39 元
99.9 元 🛒 任选③件、最高立省 50 元，包邮到家

省时省力功夫菜，随时随地享美味

-`(๑•̀ㅂ•́)و✧早上好
🧀【西贝黄米凉糕】340g/ 盒
原价 39.9 元 ｜秒杀价 29.9 元
🛖 在家就可以吃到门店同款
软糯不黏牙，蘸上桂花酱，甜蜜爽口，好吃不腻
夏日美味早餐轻松搞定

—— 🗓 每日签到 🗓 ——

点击小程序签到，领取优惠券哟

新疆手工酸奶包，新疆早餐的味道

精选新疆食材：新疆老酸奶 ✚ 椰蓉 ✚ 鲜鸡蛋 ✚ 精选小麦

外皮宣软，口感细腻，轻轻咬一口，酸甜的味道荡漾在唇齿之间

1000g/ 箱（14～16 个），59 元包邮到家哦

—— 🗓 每日签到提醒 🗓 ——

点击小程序签到，领取好礼哟

炎炎夏日，记忆中的美味水果——西红柿

🐒 西贝经典饮品—【完熟西红柿汁】6 瓶礼盒装

原价 79.9 元，秒杀减 20 元，到手价 59.9 元

保留原果颗粒，柿味浓郁，酸甜可口

🐨 【玲珑小番茄】2 斤（90 颗左右）秒杀价 39.9 元

一级釜山 88 号、薄皮超甜 🍀 番茄味浓郁、满嘴爆汁

🐧 沙沙软软的果肉，宝宝的最爱

西贝燕麦月饼上新啦

📅 4 种口味，阖家共享 ♡

沙棘燕麦月饼

冰沙燕麦月饼

黑加仑燕麦月饼

相思豆燕麦月饼

少油少糖手工包制，起酥九层，层层酥软，给咱家人吃健康的月饼

礼盒预售立减30元，仅需258元，快来下单吧

🥣【鲜炖银耳羹】上新啦

♡精选红枣 ➕ 枸杞 ➕ 黄冰糖 ➕ 银耳

⓪香精⓪色素⓪防腐

文火慢炖，胶质稠糯，真空包装，开盖即食

一口下去，软糯顺滑，清甜香醇，满满的胶原蛋白，透心的满足

低糖无脂，滋补养颜，老少皆宜，健康吃出来

6瓶礼盒装原价39.9元，上新立减10元，到手价29.9元，一瓶才4.9元

今日限量秒杀推荐

🧧【张爷爷空心挂面】450g×3盒 🔪秒杀价39.9元

门店同款空心挂面，煮出来汤清面秀，丝丝爽滑

🧧【中粮小白猪午餐肉】198g×3罐 🔪秒杀价49.9元，一罐才16元

> 看得见的大块肉粒，特别 Q 弹，大口吃肉最爽了！
> …………

二、英语培训机构

再举两个我生活中的实例，我先后加入了两个英语培训机构的群。

这两个群对我来说特别有价值，它们可以让我及时地、不断地获取新开课信息。这个需求对我来说非常有刚性，我忙的时候会漏看信息，回头再看时，已经过了报名截止日期，就会很失落。这种感受，宝爸宝妈们应该能体会。

下面都是简短的推广文案。

> 【七年级—TestPrep Online 团购】
> TestPrep Online 是有名的线上备考练习平台，它的备考练习题覆盖面广泛，包括纽约天才班考试，纽约州考（New York State Test），MAP，SCAT，TEAS，CogAT，SSAT，ACCUPLACER，Wonderlic 人事测验等丰富且高质量的内容。这一平台受到许多学校、家长和老师们的青睐。
> 团购内容是其家庭会员计划（Family Membership），

购买后可以使用网站中的所有题库，一年内有效。付费后 24 小时之内即可通过电子邮件收到账户登录信息并开始使用。

团购链接：略

【七年级—Great Writing 写作课】第一期

Great Writing 是由美国国家地理学习出品，利用《国家地理》的精美图片和文字资料，激发学生对写作的学习兴趣。每级每单元都提供了清晰的写作标准及大量难度合适的练习题，包括模型、写作、改错、编辑等，分级别、按主题进行写作专项训练，实现从基础写作到学术写作的全程学习。

从 9 月 17 日起每周五美国东部时间 7:00 pm 开课，欢迎有兴趣的家长抓紧时间报名。

报名链接：略

【七年级—动画制作课】初级基础班

适合零基础或已经有一定绘画基础的学生。课程将使用 Adobe Creative Cloud 的专业软件 Animate 进行作画。

9 月 13 日开课，欢迎有兴趣的家长抓紧时间报名。

报名链接：略

【七年级—Scholastic 写作竞赛班】

Scholastic Art & Writing Awards（全美初高中艺术与写作大奖赛）是北美地区规模最大、最负盛名的艺术和写作比赛之一。比赛创立于 1923 年，每年举办一届，用于表彰艺术与写作领域杰出的年轻人。因为比赛奖项含金量高，所以获得此比赛奖项的学生在日后的升学中更容易得到关注和认可。

参赛者为 13 岁以上、七至十二年级在美国或加拿大或在美国学校就读的国际学生。比赛作品提交日期为每年 9 月至 12 月。

特聘拥有 17 年教学经验的现任英文老师 Mr. Edward 负责培训学生准备今年的参赛写作作品。Edward 老师在校负责创意写作、舞台剧写作、诗歌写作和剧本写作等重要写作课程。他的相关经验十分丰富，每年培训的学生都会获得金钥匙奖（Gold Key）、银钥匙奖（Silver Key）和荣誉奖（Honorable Mention）。

报名链接：略

【七年级—青少年公共演讲课】中级提高班

演讲课程将培养学生的公共演讲能力，建立清晰的演讲思路，增强个人自信，并提升学生的软实力和个人综合素质。学生在老师的指导下学习演讲理论、发音和语气控制方法，并学会有效地表达个人观点。

授课老师是具有 10 年以上教学经验的老师。在课程中，学生会学习撰写演讲稿，通过论点、论据来展现要陈述的观点。

从 9 月 24 日起，每周五美国东部时间 6 点开课，欢迎有兴趣的家长抓紧时间报名。

报名链接：略

【七年级—AMC8 初中数学竞赛小班课】

课程是专为目前美国的初中学生备考 2021 年度的初中数学竞赛（AMC8 和 Mathcounts）而开设的。由取得优秀竞赛成绩的现任公校数学老师执教，课程目标是帮助学生们在 2021 年度的 AMC8 和 Mathcounts 竞赛中取得好成绩。

授课老师熟悉美国教学大纲，并担任学校的竞赛数学领队，负责美国各项数学竞赛的培训，包括 Math Kangaroo，Mathcounts，AMC8，AMC10，AMC12 等。去年由这位老师指导的学生获得了 AMC8 满分的好成绩并打破该校纪录，而另外两名学生在 Mathcounts 竞赛中取得州比赛第二名和第三名的佳绩。

9 月 19 日起每周日上课，欢迎有兴趣的家长抓紧时间报名。

报名链接：略

【爆款，每次都秒杀完】微口课第三轮课程招新啦

以"线上录播＋课后点评"的形式，9 月 6 日正式上线并开课，共 15 次课，没有纸质教材，只发电子版教材。每周一到周五，通过一课一话题的形式，教授学生自由表达的相关技巧，专业老师逐一点评并纠正错误。

每天视频精讲，相当于分析一篇**口语作文**。

所选话题皆为高频话题，是学生在日常练习和考试中经常遇到的内容，提前准备话题考点才是王道。

不得了，不得了，只要199元，就能学**科普英语**啦！E飞教育微课又有新产品了，您觉得孩子在暑假没东西学吗？那您还不快来看看这个。

科普英语精读线上微课来啦，解决您的科普阅读焦虑，不管是冲刺850分的托福，还是转轨适应国际学校的节奏，或是将英语作为"工具"交流学习，这套高性价比的课程不要错过哦。

首字母2000题（勤练篇）正在开售中，6月14日开课，原价149元，拼团优惠价69元，欲购从速。

限时惊喜价每课低至1元。

该课程帮助学生掌握首字母答题技巧，题目均选自常考题源，针对性强，主要适合五至八年级的学生。

该课程共66课，每周更新5课，每课讲解10分钟左右；学习群督学答疑，课程可以随时随地无限次地回放，永久回放。手机、平板电脑均可观看，微信购课直接学习，无须下载App。

6月14日开课，E飞英语刷题大军等你来。

三、资生堂

新品服务对用户多么有吸引力，从资生堂一次领取小样的活动中可见一斑。

在樱花季期间，资生堂推出了一款新的美白产品，吸引顾客扫码进群的礼品就是新品的小样。资生堂在线下投放的大量宣传海报上、品牌柜台放置的物料上、公众号推文中，都插入企业微信群二维码。进群是第一步，之后资生堂还为顾客"提要求"，顾客需要完成七日打卡，晒单或转发后才能够申领新品小样。

顾客可以通过线上邮付的方式申领小样，也可以选择就近的门店领取小样。尽管"条件苛刻"，参加者却兴趣盎然。入群的两万名顾客中有 67% 的顾客领取了小样，其中还有 5% 的顾客直接在线下完成了一次消费。领取小样后，有 77% 的顾客都成为资生堂的新会员。①

四、五谷磨房

五谷磨房的用户 80% 以上是女性，女性用户在 25～60 岁之间，大部分为年轻白领、宝妈、学生。她们非常认同五谷磨房"无添加"

---

① 案例资料与数据来自"腾讯智慧零售"公众号的《国际美妆新突破，资生堂集团如何做私域？》一文。

的品牌理念，甚至有会员提出建议，希望五谷磨房能够开发更多类别的不使用添加剂的好产品。

五谷磨房因此启动了"私域产品孵化"项目，结合用户在公众号的留言和用户社群互动内容，提炼会员对产品的需求，陆续推出供应链上游的地标类产品，比如中宁枸杞蜂蜜、云南合作农户推出的应季新鲜核桃、广西淮山基地的淮山鸡蛋等，探索各类有故事、有情怀的特色好物，孵化了谷物面膜、阿胶糕、蜂蜜核桃仁等。这样做既输出了会员福利产品，又依托故事型产品强化了品牌。在公众号长图文鼎盛时期，单次推文可以做到接近 200 万次浏览量。

对此，"见实"公众号在访问五谷磨房数字营销高级总监杜欣华时，杜总有过一段清晰而富有深度的总结："我们探索性地引入了一些与我们品牌理念高度一致的品牌产品，更多是作为会员增值服务的一种形式，可以理解为我们给私域会员提供买手服务，让他们以更优惠的价格买到健康且不使用添加剂的好产品。"[1]

五、速品服饰

速品服饰的小程序商城大概有 50% 的订单是非速品品牌的女

---

[1] 本案例资料与数据来自"见实"公众号的《复盘：五谷磨房如何从 0 到 1000 万私域用户》一文。

装，比如与其他商家合作的鞋包、家居服、配饰、彩妆等。速品服饰副总经理纪鹰在驿氪ECR第四届用户大会上深刻地总结道："我们这样做的目的就是围绕女性的商品进行异业合作，给用户提供更多优质的商品，从而也能够更好地维系我们与用户之间的互动关系。"①

六、小红帽

小红帽是私域卖货团队中的王牌，2021年计划25个人卖出7亿元。

小红帽的创始人曾说："小红帽的复购率高达70%以上，核心原因是小红帽为用户成功扮演了精品买手角色，帮用户严选、甄选各种好货，尤以食品、日用品为主。小红帽的策略非常清晰，只追求'1万人来买100次'，不稀罕'100万人每人来买一次'。"②

小红帽为私域用户选品的淘汰率高达90%，每天至少会收到50款以上商家邮寄的样品，但是每天只有3～5款商品能够上新。

由于极致的品质与服务，小红帽在私域用户中得到了较好的口

---

① 本案例资料与数据来自"见实"公众号的《一个私域策略，用户消费频次即从1.9次升至8.1次！速品服饰案例深度拆解》一文。

② 本案例资料与数据来自"见实"公众号的《小红帽25人一年卖出5亿人民币》一文。

碑。从最初的 1 个群起步到后来的 15 个群，口碑裂变率为 1：15。在整个发展过程中，小红帽没有做过任何推广，全靠口碑，全部是亲朋好友转介绍、再转介绍。新用户来了就下单，来了就不走，退群率大概是 1%。退群的主要原因是客单价不匹配，人群不精准。

七、乐乐茶 [①]

乐乐茶新品研发上市非常快速，每周都有大量产品上新。如何快速满足粉丝们满腔热情的尝新需求呢？唯有私域。乐乐茶通过小程序等私域高调而生动地向用户速递上新信息。

小程序的顶部是很大的菜单栏，专门用来展示新品，并配有一个全屏的动态效果，比如冬天时会下雪，草莓季时会下草莓等，力求在新品上线后，用户第一眼被新品吸引。

乐乐茶主营茶饮的同时，也在不断拓展品类，比如推出各种烘焙、预包装的各式面包等。为了提升老用户尝试新品的体验，为其降低尝新成本，乐乐茶还特别设计了低门槛的 1 元加价购活动——满 60 元或者满 100 元，只要加 1 元就可以品尝限量新品。

可以想象，如果你是乐乐茶的用户，会不会因为这些层出不穷、总有惊喜的新品与新品福利，而持续收获小惊喜呢？

[①] 本案例资料与数据来自"见实"公众号《荐读：3 个月冲至 500 万私域粉丝，乐乐茶用到这些红利》一文。

以上各行各业的案例都说明了一件事：私域运营，不仅能使新品与用户需求得到更高概率、更高效率的匹配，更重要的是，能够在营销之外实现增量的价值创造，即为用户创造出与新品相关的服务价值。

以上以用户接收信息为核心，对私域里的新品服务做了一系列分析；下面以用户反馈信息为核心，对私域与新品研发的关系进行分析。

当我们逆向思考的时候，会发现私域运营对新品研发的数量、质量与效率提出了更高的要求，丰富、有质量、有特点的新品对私域运营起着至关重要的作用。

蓝鲸私域 CEO 高海波先生在第十期磨刀会暨天图 Family 品牌加速营活动上曾说："私域想提升，有短期、中期和长期。短期是链路，把链路和数据确定；中期是内容，内容到底吸不吸引用户，有没有强势内容，决定了中期能不能发展起来；长期是产品，要有一个完善的产品矩阵。"

私域是新品研发的引擎

对品牌商而言，私域不仅是新品推广的阵地，也是新品研发的引擎。

消费者越来越喜新厌旧，消费者的个性化需求越来越明显，这对所有企业的新品研发提出了一个共同的挑战：新品研发周期必须不断缩短，新品推出数量必须大幅增加。这意味着每家企业的产品创新压力与日俱增。

一直以来，品牌商与用户离得很远，重度依赖经销商渠道的企业，比如家居企业，离得更远。即使是企业自营的线下门店或线上店铺，与用户的日常互动也几乎没有，当然也不可能有。因为在传统营销时代里，谁也没有用户离店后的高效互动渠道和场景，所以，我们经常听说这样的故事：某知名的成熟的快速消费品企业每年研发上百款新品，成功率不到5%。

如今，"90后""00后"已是消费主力，其高度个性化的精神层面的需求，又岂是"60后""70后"能够凭借主观臆断而得知的？

怎么办呢？唯有私域，可以解忧。

现在和未来，每家企业都能够依靠私域，比如在社群里、官方自媒体里、导购的微信里等，与一个个独立的用户互动，从而能通过大量的、多维的、鲜活的用户数据，洞察用户的潜在需求和偏好，做到真正懂用户。

以前，开发新品靠的是传统的市场调研和敏锐的个人直觉；现在，钟薛高、元气森林、完美日记、拉面说、三顿半、喜茶、王饱饱、Fan Beauty Secret、瑞幸咖啡、良品铺子、海尔等国潮新品牌和成熟大品牌，靠的是在私域里实时与用户互动，沉淀、分析、挖掘用户数据，驱动产品创新；更高级的，有的企业还会与一些忠实粉丝共创新品。

事实上，私域对于新品研发还有一个更加具有现实意义的价值——可以实现新品研发的快速上新与快速迭代。

以前，为了避免新品上市失败的危险，企业总是在新品上市前，通过各种昂贵、漫长且效果有限的调研方法进行反复分析与论证；有了私域，则大可不必。品牌商利用私域可以实现新品的低成本、小批量快速推广，从而，就可以通过真实的市场测试来评估新品的方方面面，此时，用户给到的反馈更加客观、完整。

真正做过新品研发的朋友，大多数都有这样的体会：很多用户的需求在调研中是很难预测或洞察到的，只有当用户真正使用你的产品时，用户才会"碰"出这个需求，或者遇到某个问题时，企业才有机会发现用户的需求。

同时，用户在私域里给予反馈的意愿也会大大增加。一直以来，vivo 在用户购机满 7 天的时候，会向用户收集使用体验的信息反馈。以前通过手机弹窗的方式进行询问，用户回复率不到 0.1%，但是当 vivo 的导购在企业微信上直接询问用户时，用户的回复率接近 100%。

品牌商在私域里上市新品，在私域里搜集用户反馈并进行新品迭代研发，私域再上市迭代后的新品，私域里再次搜集用户反馈……如此，品牌商就能真正实现新品研发的快速迭代。

很显然，此举意义重大。这也是DTC的核心优势之一。

以上，我们都是在向外看，通过看向各行业的许多企业，能够清楚地发现：这些企业利用私域正在为用户提供一系列的有关新品的高级服务，以满足用户对新品的刚性需求，实现与用户的高黏性互动，提升用户的品牌体验，当然，也带来了更多的新品销售增量。

接下来，我们向内看看自己的企业，做一系列的对照与反思。

思考题

1 用户需求

你的企业所在行业的目标用户，对于私域新品服务有需求吗？有多强？

2 用户体验

你的企业有为私域用户提供新品服务吗？如果有，做得如何？如果没有，为什么？用户的真实评价具体是什么样的？哪些方面可以做得更好？

3 运营策略

是否应该把企业私域运营的重心之一放在新品服务上？

4 资源配称

目前的新品够不够多？要不要因为私域战略而改变原有的新品战略、新品研发上市逻辑？要不要为私域用户专门研发新品？要不要为了私域用户做品牌的品类延伸？

5 组织保障

谁来负责保障私域新品服务所需的资源配称能够持续地充分到位？

新品定制这方面谁来做？是市场部，还是研发部？还是我自己亲自牵头做呢？

第三节 范式二：促销服务

利用私域，可以实现用户服务的另一种高级范式是促销服务。

优质的促销服务，不仅能够满足用户"向往已久却从未如愿"的刚性需求，还能在产品之上为用户创造更多价值，而且能够显著促进私域用户黏性、转化率、复购率、联购率、裂变率的提升。

促销服务的内涵

促销是营销的一种常用手段，绝大多数商家都要为此绞尽脑汁。

其实，促销何尝不是消费者的一种刚需呢？换句话说，有谁不喜欢福利呢？每一场促销活动都是各种福利的大放送，每一种福利的背后都跳动着促销的初心。

既然如此，按照前面对产品的定义，根据每位用户的个性化需求，为其精准地推荐促销活动、定制促销活动，或者设计特殊权益，显然也是在向用户提供一种很高级的服务，如图 2-8 所示。

图 2-8

促销服务，私域特供

向用户提供更高级的服务放在传统营销时代是不成立的，因为品牌商对用户"不知其所好"，且"知道也给不了"。

首先，一起来思考一个看似不值一提的问题：为什么许多线下零售商在一年中不断地策划活动、运营活动呢？

听到上面这个问题，大家自然会想到一个答案：为了吸引顾客初次或再次光临和消费。其实，这仅仅是貌似合理的逻辑，但现实并不是这样。

在传统营销时代，线下零售商、品牌商每个月做促销活动，基本上都是"靠天吃饭"，除了发单页、拉横幅，就只能祈祷在周末或节日里有更多的人来门店，看到活动，参与活动。

为一次促销活动花钱推广的品牌商和零售商是少数，而且也仅限"双十一"这样的年度大促。

所以，本质上，那些每周一次或每月一次的促销活动，其实很被动，无论策划得多么"惊奇"——限时一口价、整点免单、半点秒杀……也只能被动地等待消费者"主动出击"。其所能达到的实际效果仅是提升了到店顾客的转化率，而没有起到激活老顾客、吸引新顾客来店的作用。

一些老顾客希望在下一次活动中挑中一个"爆款"、囤些好货。但是，谁知道哪个品牌、哪个线下零售商在什么时间做什么活动呢？每个活动的促销政策、促销力度又如何呢？有什么折扣商品、超级爆品、特惠套餐，这些用户都无从知道。

简而言之，用户渴望促销，但是，有 3 个痛点：

（1）得不到及时的信息。

（2）得不到需要的信息。

（3）得不到详细的信息。

唯有私域，可以解忧。

或者说，只有私域才能特供"高级的"促销服务——为用户精准地推荐促销活动、定制促销活动，以及设计与提供特殊权益。

私域不仅为品牌商、零售商解忧，还为用户解忧。

以前，红星美凯龙商场做促销活动花费许多精力策划活动，然后等客上门；现在不仅通过数据中台驱动下的聚合广告投放平台在全网精准"捕捉"潜在用户、激活老用户，还通过 145 个天猫同城站、两万多个社群、20 万名入驻全民营销平台的团达人、九大官方自媒体矩阵等私域场景，精准、高频地利用各种定制化内容对处在家装周期内的老用户进行"种草"，为其提供一种及时的、全面的信息速递服务，从而实现活动的高引流、高转化、高联购、高裂变。

如今，促销信息"满天飞"，仅把促销信息告知用户，并没有满足用户的深层次需求，也就是说，这个"服务"的满意度肯定不高，而这正是"私域特供"的高级之处。

运营私域的品牌商通过持续互动所沉淀的数据，以及利用数据挖掘技术所形成的完整标签，对每位用户的特征、需求与偏好都能有一定的了解，甚至是精准的深度理解。品牌商利用大数据可以做到比用户本人更准确地预测其未来的需求，这就为品牌商实现与用户之间的定制化互动打下了坚实的基础。

品牌商能够根据每位用户的需求与偏好，在促销活动的各个卖点、各个权益、各个爆款、参与活动的各个品牌中，选择"最优解"，拿来做成丰富内容，并且是以用户比较喜欢的内容形式，然后在活动的前期、中期、后期与用户持续互动，为之提供一系列的服务，比如通知、介绍、推荐、提醒、咨询、预订、领券、下单、查询、安装、售后等。

所以，私域里"满天飞"的促销广告是骚扰用户的广告，不是用户所需的内容，更谈不上是提供给用户的高级服务。只有真正做到为用户提供"及时的、适合的、详细的"促销信息，才是一种高级服务，才能真正有助于实现健康、高效、持久的私域运营。

另外，还有一个虽然看上去很简单，但实际上用户感知特别强烈、企业供给也很容易且确实有效的促销定制服务，即为私域用户提供"独享的"福利与权益，包括私域专属价、私域专属折扣、私域专属券、私域专属活动，以及私域专属爆款等。

比如，优衣库每年除了在"五一""十一""双十一""双十二"等期间进行促销活动，还为私域用户特制丰富的私域专属活动，涉及的产品、折扣、券、玩法均为私域专享。如此，优衣库使私域用户有了经常去"逛"的心智。

当然，同样是私域用户，企业也可以且应该分层服务、区别对待。比如，奈雪就会根据私域用户的会员等级、活跃程度、互动黏性等，邀请一部分活跃用户进入奈雪城市 friends 群，并为这些用户提供更多的差异化的促销玩法与促销权益。

有了私域，促销从一种"被动式"的营销手段变成一种"主动式"的、"能够投其所好、又能够及时送到"的服务产品。

所以，私域是促销服务的特供之域。

实际上，私域之于促销，不仅能够更好地服务用户，还能够更好地满足企业的自身需求。

利用私域，品牌商能够根据自己的节奏灵活策划、开展促销活动，从而更好地满足品牌商自身的差异化定位与调性，而无须受平台促销活动的档期限制与政策影响。

各行业案例

下面就私域促销服务这个话题举例，如图 2-9 所示。

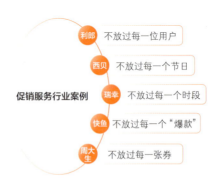

图 2-9

一、利郎不放过每一位用户

首先，看看利郎男装是怎么利用私域在促销这个象限里服务用户的。

2020 年 9 月 27 日之前，我从未去过利郎男装的线下店，也没有去过利郎男装的线上店。直至现在，我只去过利郎男装爱琴海购物公园店一次，也没有主动打开过天猫 App、京东 App 进入利郎男装的旗舰店挑选衣服，但我已经拥有利郎男裤、男士 T 恤、男士内衣约 20 件。

2020 年 9 月 27 日，为了挑选一件裤型不错的休闲商务男裤，我特意跑到利郎男装爱琴海购物公园店挑选。之前我已经在网上的店铺看了很长时间，把商务休闲男裤搜了个遍，并在 3 个品牌店里下了 3 次单，但是，收到衣服后的试穿效果都不理想，然后申请退货并把衣服寄了回去，折腾得身心疲惫。无奈之下，我来到利郎男装的一家线下店看看。

幸运的是，我的这次购物之旅收获颇丰。不过并不是在店里，而是在离店之后。

当天，我看中了一条男裤与一件男士内衣，但合适的尺码与颜色已经售罄，需要调货。一位导购员让我加了她的微信，说好先付款然后把产品邮寄给我，过程中如遇任何问题，可随时沟通。

后来，这位导购员不断给我发一些新品信息，我也经常能选中喜欢的，还发现它们家的 T 恤也很适合我。同时，在我点开新品链接后，也难免逛一逛，看中了哪一款，就会问问她有关的细节问题，她除了告诉我她的专业意见及顾客的口碑，还经常说："如果不急，先等等，再过两周就有活动了。"她也会告诉我活动力度具体有多大。有时我确实按捺住了一贯的即时下单的冲动，最终享受到大力度折扣带来的快感。

享受爆款带来的快感，莫过于参加内购。我把看中的衣服事先告诉导购员，内购当天，我不用一边忙着开会打电话一边参加秒杀活动，而是可以妥妥地静候"战利品"送上门来。

不过也有不成功的时候，这时，导购员会说："内衣都抢到码数了，裤子没抢到，我在跟领导申请，看能不能加购，要是最后还是没办法，我这边就给您退款。"

有时候，我会一次预订很多件衣服，导购员也会贴心提醒："没必要每种颜色都买"。就这样，店铺的消费量与信任值同步增长。

导购员推荐给我的还有各种各样的活动信息，通常都很简短，比如：

"× 先生，最近感恩节快到了，天气转凉了，羽绒服、大衣、鞋子、裤子等衣服有活动，您有没有什么需要的呢？利郎男装导购员小王。"

"× 先生，你好，这件内衣现在有活动，看看需不需要来两件。"

配合简短通知的活动内容介绍，其形式也是多种多样的。简单文字版的通知、海报、H5、小程序、小视频，包括一些很明显是导购员在门店里用手机简单拍摄的照片和视频，这些图片和视频虽然制作简单，但是因为有了导购员的话术，而大幅缩短了彼此之间的"距离"。

有时候，这位导购员并不直接发内容给我，而是发一段话，引导我去看她的朋友圈，内容如下：

"会员活动开始了，秒杀日为 28 日至 30 日，现在是预购时间，本次秒杀品类：反季羽绒服、马甲、休闲裤、鞋子、皮带、袜子等，有需要的顾客请私聊我或直接看我的朋友圈，后续会不断更新！打扰了。"

"所有秒杀款在朋友圈已更新，今日最后一天加购，明天正式开始抢购，尺码有限，有需要的顾客请直接查看我的朋友圈，打扰了，周末愉快！"

"利郎父亲节活动开始了，T恤 96 元～226 元，裤子 176 元～196 元，鞋子 166 元～336 元，有兴趣的顾客可多留意朋友圈，有感兴趣的品类可私聊我，单独发图，也可

> 来店进行试穿，小王在线营业。"
>
> "朋友圈中的内衣款式已全部发出，59元~89元，感兴趣的顾客可以前往朋友圈查看，谢谢！"

作为忠实用户的我，感觉这种做法挺不错。只要翻看导购员朋友圈中的图片，很快就可以做出决策。

二、西贝不放过每一个节日

我也是西贝的忠实粉丝。

原来，我觉得一家餐饮企业不会像消费品企业一样，可以设计出五花八门的促销活动，后来发现是自己"无知"了。正是因为大多数餐饮企业的主要菜谱长期不变，所以，菜品价格有了锚点，从而让消费者对优惠活动有了敏感度，尤其是那些中度消费者和重度消费者。

下面感受一下西贝"造节气氛组"在提供促销服务时所创作的原版文案。

> "所有同学听好了，你们的周二小喇叭来啦！本周会员日福利菜品牛大骨，一牛九吃，还有椒麻味的。明天1积分兑换券立减15元！想吃啥，明天来店里给你挑呀！"
>
> "今天趁着我们祖国生日，我也公布一个好消息：西

贝超级会员节来啦！1 积分兑换 6 张菜品券。考虑到大家的'十一'出行，在 10 月 1 日至 10 月 17 日，大家可以兑换菜品券，10 月 8 日至 10 月 18 日可以到店随意享用哟！祝大家开开心心过国庆！"

"'双十一'大家囤货了吗？来晒晒购物车呀！咱们也准备了 8 款'爆款'产品，'双十一'限量优惠，朋友们来薅羊毛啦！"

"今日小雪时节，天气越来越冷，大家在添衣的同时，也别忘了暖暖自己的胃。顺便问问大家周五打算吃点什么来过节。"

"储值 1000 元送 100 元，全国通用。"

"新年送好礼，VIP 会员权益送一年。"

"情人节第一吻，吻得越深折扣越大。"

"母亲节特惠活动最后一天，部分商品 99 元 3 款任选。"

"最近天气越来越冷了，大家记得吃点肉补充些能量啊！还有，咱们的超级会员日仅剩 5 天啦！这个周末来吃鱼呀！"

三、瑞幸不放过每一个时段

"见实"公众号曾在去年独家采访过瑞幸咖啡的 CMO 杨飞，采访中杨飞提到了一些很厉害的数据。

"瑞幸咖啡是在'新冠肺炎疫情'之后开始建群的，到现在 3 个月时间，客户群有 9100 多个，社群用户 110 多万人，企业微信客户 180 多万人。基本做法是，每个门店的用户可以先加首席福利官 Lucky 为好友，然后再围绕门店的 LBS 位置信息建群。"[1]

180 万名私域用户，每天贡献直接单量 3.5 万多杯，通过群内信息提醒促单 10 万多杯。用户入群后月消费频次提升 30%，周复购人数提升 28%，MAU（月活跃用户人数）提升 10%。

杨总也提到了如下关键运营策略。

瑞幸咖啡对社群的定位，是做老用户留存和提频，更好触达用户，提高消费频次，这也是做私域的核心价值。

目前入群用户月消费频次能提升 30% 左右，因为入群用户本身就是瑞幸咖啡的忠实用户和中高频用户，比如入群前一个月消费 5～6 次左右，入群后一个月消费 7～8 次左右。

社群与小程序的定位不一样，小程序是一个便捷的下单工具。而社群的主要作用就是唤醒和提醒，重新激活用户，提高老客户消费频次。就像发短信一样，从用户运营角度看，发短信也是提醒和唤醒。

---

[1] 本案例资料与数据来自"见实"公众号的《独家:瑞幸咖啡的私域自救》一文。

在运营方面，社群里主要是发福利，每天会有4次活动。上午上班高峰期8：30左右，以提醒为主，会发一些海报，用户看到后就会自己下单。中午12点会在群里发秒杀券，一个群有10张优惠券，优惠券是15元的立减券，核销率能达到40%。下午茶时间会推坚果类、果汁类的系列活动。晚上会推电商活动，比如挂耳咖啡、办公用品等。

当时看了这篇文章，我立即想办法加入了瑞幸咖啡的福利群，然后这一年来就在福利群中尽享各种福利。在这个过程中，让我越来越佩服的是瑞幸咖啡在发券这件事上的极致匠心——不同时刻、不同场景、不同产品、不同噱头、不同人物、不同折扣、不同活动……穷尽可能，一心只为私域用户发券送福利。

下面给大家展示一些瑞幸咖啡首席福利官Lucky分享过的文案。

蓝朋友们：

🏅【Lucky与招商银行App】送福利啦！

瑞幸咖啡App下单支付选【招商银行一网通支付】

咖啡、奶茶喝开心，多轮福利享不停！

最多可享12次立减优惠！

金额满15元立减6元。（限两次）

每笔立减，最高减15元。（限10次）

✈ 其他银行用户也可享受哦！

不限招商银行卡！支付绑定其他银行卡也能享受！

戳链接或扫码参与吧！

❁【瑞幸潮品】今日好物推荐

🥤LINE FRIENDS 系列奶茶吸管杯 🥤

限时【4.2 折】秒杀 ‼

欧美婴幼儿用品指定材质

❀ 精致烫金印花工艺

❁ ❁ 速来抢购吧 ❕

❁ 免费喝咖啡 ❁

点击 + 关注视频号：luckincoffee 瑞幸咖啡

我们将抽【30 位】粉丝

每人可免费得 29 元咖啡一杯 ❕

福利多多，马上关注吧！

社群福利日

4.8 折专属优惠券来喽！

⏰ 每周五【社群福利】准时开启！

点击下方链接 🔗 或小程序领券吧 ❁ ❁ ❁

【12 点秒杀】

周五和【银河生椰拿铁】最配了。

Q 弹口感 ◎ 一秒入银河。

快来秒杀吧！

【桂花燕麦拿铁】

对乳糖不耐受的姐妹满分友好。

燕麦拿铁本身就带有谷物的丰收味道。

也不会压过咖啡的醇香，和桂花搭配简直是"天作之合"！

快来 pick 初秋富"桂"新品吧！

下单前记得领【5 折】券哟！

写笔记赢【免费咖啡】

✏️ 在小红书打卡桂花酒酿新品，有机会得 35 元券。

😁 名额不限，@你的小伙伴 👯 一起来！

中奖率超高，点击立刻参与！

瑞幸咖啡发券如此神勇，除了杨飞的团队厉害，本质上还是用户有这个刚需。

"刚"外有"刚"。有一些用户这样说："为了抢爆款，为了真实惠，只要让我知道，哪怕到店也不是不行的。"

四、快鱼不放过每一个"爆款"

快鱼就有这样的真实案例[①]。

快鱼新零售负责人孙静在与"见实"公众号的访谈中曾说：

"快鱼最早从几个门店开始试点私域爆款活动，一开始卖性价比非常高的蚕丝被、毛毯等商品，在参与测试的几个门店中，哪怕是销售淡季，销售额也直接翻倍，在门店销售额排名中直接从几百名提升到 60 多名。单场活动销售额破 10 万元。

通过秒杀活动、'爆款'活动引流到店后的用户订单转化率每月能达到 60%，从单款秒杀来看可能某款产品是亏了，但用户到店拿衣服的同时又买了正价货品，不仅线下门店增加了客流量，而且单个顾客消费金额也在增加。

这促使快鱼将私域爆款活动固定下来，每月举行一次，一次一天。时间则是每月中导购销售量最少的两天。对导购来说，多了一个额外的活动弥补淡场的销售。对顾客来说，商品的性价比比较高，可以在中间获得实惠的货品。

这种做法带来的私域销售额占到去年微商城销售额的 33%。快

---

① 本案例资料与数据来自"见实"公众号的《会员服务、品牌溢价：美素佳儿和快鱼如何正确打开私域？》一文。

鱼预计，私域销售额在今年将占到 40% 左右。"

对绝大多数用户来说，不只日用品"爆款"是永恒的热爱，就连金饰珠宝这种绝对高客单低频的商品，其促销也是刚需。

五、周大生不放过每一张券

从 2019 年到 2020 年，周大生一共发放优惠券超 **280 万张**，其中使用优惠券超 13 万张，产生消费金额超 6 亿元。更值得品味的是，周大生客户关系管理中心总监徐陈晨在第三届私域流量大会上说："在所有的运营手段中，我们目前实践下来发现，最有效最直接的手段是给客户发优惠券。"[1]

在私域促销服务中，还有一个比较特别的服务——私域团购服务，比如花生日记就是其中的佼佼者。由于大家对团购比较熟悉，这里就不再单独叙述。

---

[1] 本案例资料与数据来自"见实"公众号《复盘：两年！周大生如何用 280 多万张优惠券，获直接营收 6 亿多元！》一文。

思考题

1 用户需求

你的企业所在行业的目标用户，对于私域促销服务有需求吗？有多强？

2 用户体验

你的企业有为私域用户提供促销服务吗？如果有，做得如何？如果没有，为什么？用户真实的具体评价是什么样的？有哪些机会可以做得更好？

3 运营策略

是否应该把企业私域运营的重心之一放在促销服务上？

4 资源配称

目前的促销活动与福利够不够多？要不要因为私域战略而改变原有的年度促销规划、会员福利计划、促销策划逻辑呢？要不要为私域用户专门策划促销活动呢？要不要为私域用户专门整合爆款？

5 组织保障

谁来负责保证私域促销服务所需要的所有资源配称能够持续地充分到位？

第四节　范式三：顾问服务

利用私域，可以实现用户服务的另一种高级范式是顾问服务。

优质的顾问服务，不仅能够满足很多行业用户的"心仪已久却从未如愿"的刚性需求，还能在产品之上为用户创造更多价值，而且能够显著促进私域用户黏性、转化率、复购率、联购率、裂变率的提升。

顾问服务，私域特供

这项服务，很容易理解。

不容易理解的是：为什么称这项服务为"私域特供"呢？

无论挑选家具、建材，还是灯具、软装；无论购买手机、扫地机器人，还是爬宠、汽车；无论正在消费教育培训产品、医疗保健产品，还是金融理财产品、美容瘦身产品，等等，我们都需要专业的顾问随时随地地帮助我们，就我们遇到的各种各样甚至匪夷所思的状况与问题，给予宝贵的、可信赖的、详细具体又深入浅出的专业指导。

以前，从某种程度上说，这些需求都是奢求，品牌商无法提供使用户充分满意的相应的服务。

因为用户理想中的此类顾问服务要求服务提供者能够做到"不受时空限制、内容形式多样"，对此，以前的品牌商确实做不到。

所谓"内容形式多样"，是指用户在很多时候为了清晰、完整、准确地描述遇到的具体问题，不仅需要语音、文字，而且需要使用图片、视频，甚至采用直播的方式。

唯有私域，可以解忧。或者说，只有私域才能特供这种"高级的"顾问服务。

不仅为品牌商解忧，更为用户解忧。

在私域之下，品牌商能够为用户提供即时响应的、不限时空的、一对一的或多对一的专家顾问服务。

当然，每一次服务，一方面，会在用户心智中的品牌价值"账户"上加分，且经常是加高分；另一方面，会很自然地"夹带"用户需要的商业信息。因为这些信息是用户实际所需的，所以，本质上，这些也是有价值的服务的组成部分之一。

各行业案例

顾问服务行业案例如图 2-10 所示。

图 2-10

红星美凯龙的 2000 多位设计师与星管家，每天在线上与全国 200 多座城市的中高端家装用户互动着有关家装设计、施工避坑、尖货选购、评测报告、大促爆款、直播团购等热门话题。

孩子王的 7000 多名育儿顾问也是身兼多职，她们作为专业的育儿顾问，实时服务着千万位会员，充当着新手妈妈们的"万能的百宝箱"和"行走的育儿百科全书"，成为孩子王与会员之间情感的纽带和信任的桥梁。

宝岛眼镜的1600多名验光师不仅是门店导购，还是大众点评、小红书、抖音、社群等平台上的"种草"达人，每天解答3200万名用户关于爱眼、护眼、眼镜选配的各种实用问题。

完美日记的专业官方运营和海量自来水团队每天活跃在小红书、微信、天猫、抖音等平台上，与4000多万名粉丝随时互动、相遇，"新品发布、免费试用、使用教程、使用反馈、幕后故事"样样精彩；新品推荐、产品咨询、美妆攻略、养颜科普，项项专业。

特步的17000多名导购也没闲着，每天通过钉钉、直播、小程序等渠道为用户带来穿搭推荐、新品上架、联名款预订、秀款特惠、"爆款"内购等追潮省钱快讯。

原本猫粮更是做到极致，线上的养宠顾问大概超过30人，其中包括医师专家团、行为训练组、营养学专业组。医生来自线下知名宠物连锁医院的管理人员和临床医生，这些人有着丰富的宠物医疗专业知识和临床经验，24小时在线上为用户解答宠物轻医疗问题，提供免费的远程诊断。

盗美人有很厉害的插花师和育花专家，不仅在线下开展花艺课，还在微信公众号上为用户提供咨询服务，用户在公众号留言，就会有专家客服详细解答各种实际难题，分享各种养护知识。

香遇沙龙香水在2020年年底已建了近百个群，一个群差不多有 500 人。因为香水是比较感性的东西，香遇沙龙在私域里更多的是传递香的文化，解答用户在使用香水时遇到的各种问题，以及告诉用户在哪个场景下配哪种香水会比较合适等。

宠呦呦从 2018 年进入宠物行业，发展了两年多之后，在全网有 138 个小程序，共 1200 万名用户，每天新增 3 万名用户，拥有私域团队 60 多个，主要以宠物顾问为主，宠物医生和宠物顾问占比约为 1 : 2，为用户在线提供养宠知识科普、宠物医生讲座、视频号答疑等服务。

以前，专家型顾问服务必须通过面对面、客服电话、邮件等方式来进行，效率低、成本高、体验差；但是有了私域就会大不一样，随时随地在线服务消费者，提供高质量的即时响应，让消费者享受更高级的服务。

服务周期变长，从售前到售中，再到售后；服务体验变好，沟通工具个性化，互动方式多样，可以语音、图文、视频、直播，原来十几分钟说不清楚的事情，现在只需要几秒钟即可说清楚，既温馨又娱乐、幽默；服务标准可控，线上私域服务可实现数字化管理，尤其是数字化的绩效评估与激励，从而，不仅利于服务质量的稳定输出，而且利于最佳实践经验的固化和标准的持续迭代优化。

"见实"公众号在今年年初采访了宝岛眼镜 CEO 王智民，王总有一段话，让我印象深刻：

"私域其实会不断迭代，我暂且做未来几年的预测。私域的终局可能是所有的导购都变成自己所在行业的专家或 KOL，能解决用户 80% 以上的问题。因为消费者拿到的信息太多，但有价值的信息却很稀缺。

但目前的问题是中国大部分零售行业对员工的专业培训太少，导致员工很难成为细分领域的专家。所以，未来企业之间拼的可能是自己有多少行业内各垂直领域的 KOL，拥有的 KOL 越多，就意味着企业的获客成本越低。"

其实，这也意味着企业提供的服务更好、运营的效益更高。

以上行业是如何做服务、如何做销售呢？其实很容易，在服务的场景里做销售最自然，也最高效，销售完美地融入服务中，成为服务的一部分。

下面我们看一个在服务与销售的融合方面做得比较好的案例，这个案例来自医疗健康行业。我特别笃定一点：无论你做哪个行业，这个案例都会给你带来启发，甚至是震撼。

在第三届私域流量大会上，罗氏健康医护部市场总监王亦韧曾分享道：

"以糖尿病为例，2019 年中国预估有 1.16 亿名糖尿病病人，其中有 56% 的人尚未确诊，确诊人群中有 60% 的人没有达到医生建议的控制目标要求，从而导致病情持续缓慢地加重，如果确诊人群不将病情控制好，70% 的糖尿病病人最后会失明、被截肢甚至死亡，糖尿病是致死率很高的疾病。

据统计，糖尿病病人平均每人每年在治疗糖尿病上花费超过6000 元，在人们的饮食结构发生一定变化之后，糖尿病发病人群也呈现年轻化的趋势。

糖尿病病人的困扰也是多方面的。在中国的公立医院看病，一次门诊和医生的接触时间也就 5 分钟、10 分钟，算下来平均一年与医生的见面时间不会超过两小时。但一个糖尿病病人每天要独自面对诸多决定，基本上每天有 100 个左右生活上的决策需要做。

这些决策最好是能有一个科学的、相对合理的管理方式，而不是拍脑袋或者由生活经验决定。然而饮食和运动的标准化管理方式显著缺失，这些患者不知道自己该怎么做，市场上的"各类"秘方也难以分辨，患者很难评判哪种做法可以帮助自己日常控制好病情。

人都有惰性，如果管理在短期内看不到很好的成效，有些人可能很难坚持下来，慢性病管理更是需要自我激励和他人在背后不断推动。"

上面的叙述，我深有同感。我的母亲和岳母都患有糖尿病。我的弟弟和我的岳父就扮演了家庭管理员的角色，我亲眼看见两位管理员的自我付出和对两位母亲"非人式"的管理，也正因如此，她们的病情才可以一直很稳定。我曾与我的许多朋友交流过，其中绝大多数家庭都无法做到这种地步，所以，有些糖尿病患者的病情一直有反复、一直在演进。

那么，罗氏健康是如何利用私域帮助患者的呢？[①]

几年前，传统厂商都会有 CRM（即 Customer Relationship Management，客户关系管理）系统。传统的 CRM 打法是用户在零售点（电商、药店等）发生一次购买时，就被厂商要求把购买信息上传到系统，上传到系统之后为购买行为积分，积累到一定积分后会回馈礼物、权益等。

问题是每个产品购买频次不一样，比如医疗器械行业购买频次是每年 2～6 次，这是非常低频的触点。从传统 CRM 角度和消费者碰触，通过几次购买行为让品牌影响消费者是非常困难的。

从传统 CRM 转型到私域数字化管理，初衷就是希望把低频接触变为高频接触。实际上用户每天都需要管理，高频接触就是利用每天的管理帮助用户、影响用户、和用户交流互动，从一年

---

① 本案例部分资料与数据节选自"见实"公众号中的《用户活跃频次提升了 4 倍！医疗健康如何解开私域大命题》一文。

6 次的接触尝试变为一年 100～200 次的接触。这个接触过程中自己的理念、方法有可能影响用户，转变用户的行为，最后帮助用户的同时也助力自己的生意。

企业要求所有一线销售人员和客服人员必须一对一管理他们的用户，同时要求内部中层管理人员一定要管理用户，这批用户大约 200 名即可，这样才能从与日常用户的接触当中，明白用户真正的需求是什么。

根据用户的需求，导购员会持续通过贴士、图文、短视频、直播等形式的内容教育用户；会通过个人管理工具，包括积分打卡、电子档案等方式激励用户；会通过服务体系，包括复诊提醒、设备检测等帮助用户。

这样可以将低频销售触点变成高频影响用户生活的触点。因此，考核重点也随之变革，首先看的是患者的病情稳定情况，其次要看管理动作频次是否足够。

通过管理体系的优化，有些企业的私域用户从国内检测频次每周一次变成每周 4 次；6 个月的复购率从 32% 到 52%；样板药店的复购率高达 91%，提升将近 1 倍。

思考题

1 用户需求

你的企业所在行业的目标用户，对于私域顾问服务有需求吗？有多强？

2 用户体验

你的企业有为私域用户提供顾问服务吗？如果有，做得如何？如果没有，为什么？用户的真实评价是什么样的？有哪些机会可以做得更好？

3 运营策略

是否应该把企业私域运营的重心之一，放在顾问服务上？

4 资源配称

目前的顾问团队人员够不够？要不要增加更多的顾问？如何把现有的导购员升级为顾问？要不要为私域用户专门建设一支顾问团队？

5 组织保障

谁来负责保证私域顾问服务所需要的各种资源配称能够持续地充分到位?

第五节　范式四：贴心服务

利用私域，可以实现用户服务的另一种高级范式是贴心服务。

在私域里，贴心服务，无处不在，但在私域外罕见。贴心服务，不仅能够给用户带去更好的品牌体验，从而在产品方面为用户创造更多价值，而且能够有效促进私域用户黏性、转化率、复购率、联购率、裂变率的提升。

亲身体验

在私域里，贴心服务，无处不在，但在私域外罕见。

半年前，我的孩子加入一个篮球培训机构——GF（Green Fighter），在开课的前两天，我收到一条微信的服务消息提醒，主要是提醒我两天后孩子几点上课、地址是哪里、需要做好哪些准备，还告知我如果需要调课，应该如何操作。

很小的一件事，使我很有感触。一个专业实力很强的机构，竟然在服务上做得如此贴心，说实话，真是让人意想不到。

也曾有其他培训机构通过短信提醒我，但是，因为我不经常看短信，所以，不能及时看到通知。

这种服务带给我的不仅是贴心、温暖的感觉，还让我不由地联想到这一机构在其他方面的独特之处，于是心里便有了这样一个结论——这是一家非常专业的、运营管理做得很棒的机构，值得信赖。

我还是启明星、陆私塾、轻轻家教、境思、爱学、金载勋、Music Studio 等的用户，也是其中一些品牌的忠实用户。

通过实际体验发现：直至今日，这些学科类、素质类的培训机构，在利用私域与家长进行持续互动、做好服务这件事上，水平迥异。

其中一些机构只有微信公众号，且运营得不是很好。

另外一些机构则是利用私域大显神通，比如孩子在课堂上的表现、训练过程的现场直播、教育政策的变化、上课内容简介及重点总结、相关热门学习资料、牛娃家长的秘籍、对最近一期考试的分析、孩子的进步与弱项、即将推出的新课程、课后作业布置、关键动作的真人慢动作讲解、训练任务达成过程录像及成果提交录像等，都会被培训机构的老师们做成各种形式的内容放在私域里，以一对一、一对多或多对多的形式与家长们互动沟通。

这样，家长们更了解孩子，更理解和信任培训机构，更知道如何帮助孩子，也能够更轻松地获取适合的、高质量的学习资料与相关讯息，更多地了解即将推出的新课程、更多地推荐给亲朋好友。

有的机构还会充分利用私域进行各种调研，即时了解家长们对新的课件、新的教学方式、新的老师、新的活动等方面的偏好、评价、反馈或参与意向。

而不做私域的培训机构呢？家长们只是把孩子送到培训机构，然后等待孩子下课。在整个过程中家长可能会与机构的前台人员打声招呼，也可能见不到老师，但家长确实付出很多、很辛苦。

遗憾的是，虽然家长很辛苦，但是家长对孩子的学习、训练情况并不了解，甚至是完全空白。这样的情况对谁有好处呢？显然，这是多输局面，且输得毫无必要。

下面再举一个我亲身经历的实例。

以前，为了省事，我一直在 4S 店为我的汽车做保养，明知费用偏高，且高出市场价很多，但只为图个省事、省心。

2021 年 8 月份开始，我在车里总会闻到一股消毒水的味道，尽管在新冠肺炎疫情期间对这种味道已产生一种莫名的好感，但是这味道实在浓烈，所以，每次坐进车里都要立即开窗，但还是免不了头晕一会儿。

我打电话向 4S 店询问，被告知有可能是氟利昂泄漏，所需维修费用近 3 万元。

毕竟维修费用不少，我就想起了朋友多次推荐的途虎养车。某天，我直奔家附近的途虎养车门店，接下来的一系列经历，让我大开眼界，区区一个途虎养车的门店，竟然利用私域在服务上完胜有名的 4S 店。

途虎养车有 App、小程序，用户利用 App 或小程序可以轻松预约、查进度、查价格、查报告、查历史记录，还能够享受各项非高峰期的服务优惠。

就我的车在途虎养车的第一次保养情况而言，车辆体检报告很详细，包括预检报告、上线检测报告、施工报告、质检报告、交车报告，而且有数据、有图片、有视频。

以前，在 4S 店保养汽车时，总会忘记上一次保养的时间，忘记刹车油近 5 年有没有换过，到了预约时间却忘得一干二净，一遍遍打电话了解维修进度，想要调用并保存记录车损情况的相关资料也比较难。

你们有没有手握某某航空公司、某 shopping mall、某某银行、某某电信运营商、某某便利店的大把积分，却总是忘记在有效期内兑换的经历？

有的人总能及时使用正确的方法兑换积分，有的人却总是忘记。

如果这些航空公司、银行、shopping mall、便利店、电信运营商等通过各自的私域，比如企业微信、公众号或者小程序与用户建立联系，让用户能够轻松查询积分、查询可兑换的礼品，以及轻松地进行兑换，那么，用户的体验会很好。如果用户能够及时收到积分过期提醒，就更好了。

据我所知，其中的一部分企业已经做得不错了，比如全家便利店。最近，我去全家便利店给孩子买早餐，通过收银机的商品扫码和人脸识别功能完成自助式付款。回到家，发现微信上有全家便利店服务号发来的一条信息，原来是告诉我刚刚消费的金额和获得的积分。顿时，我有些开心——一笔积分落袋为安，且今后可以很方便地找得到，兑得了。

虽然这些服务都是小事，但是很高频。从前，很多次体验不是很好，有了私域，每次体验使人很开心。

这样做，不仅私域对用户的积分管理有益，而且积分体系对私域运营也大有帮助。

以前，积分主要是针对用户消费行为的回馈；在私域里，积分的妙用则远不止于此。用户签到打卡、转发、晒单、邀请好友、参与评测、参加直播，等等，都可以被设计成获取特定积分的条件。

这对于提升"积分敏感型"用户的活跃度与黏性，效果显著且持久；对于提升既有活跃用户的归属感、存在感与满意度，也有很大的作用。

各行业案例

其实，贴心服务无处不在。下面来看看其他行业的实例，如图 2-11 所示。

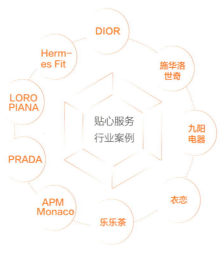

图 2-11

九阳电器把产品注册、申请延保服务、搜索说明书等功能，以及一站无忧的售后服务，都聚拢到小程序上，给用户带来了实实在在的方便。

　　衣恋时装在每次直播完后，会为那些"把某一款爆品加入了购物车却没有抢到"的、正在失望中的用户奉上一个温馨提醒，就是线上导购员通过一对一私聊的方式，告知用户下一次该款商品打折的时间，很暖心，也很实效。

　　乐乐茶的用户可以在微信上实时查看优惠券，在领取优惠券时微信会有一个推送消息，告诉用户优惠券到账，在优惠券快到期时再通过推送消息告知用户；用户还可以在微信卡包里直接查看乐乐茶会员权益等级、优惠券和积分信息，一键跳转到乐乐茶小程序。

　　乐乐茶还会根据社交场景的不同，为用户贴心搭配不同的产品。比如闺蜜下午茶多包含自拍场景，乐乐茶就会推荐外观较好的茶点与饮品。

　　以上这些品牌的做法看似都是小事，但有与没有，对于用户的体验和后续行为的影响确实很大，甚至是决定性的。

　　珠宝行业、奢侈品行业也在利用私域为用户带去更贴心、更时尚、更惊喜的服务。

　　APM Monaco 创立于 1982 年，截至 2020 年在全球有 344 家店铺，中国是其最大的市场，2020 年中国内地销售额占总销售额的 57.2%。为了做好线上用户服务，APM Monaco 开发小程序，让用户可以依据自己的喜好定制专属珠宝，可以定制的珠宝品类丰富，包括吊坠项链、手镯、耳环等。同时，APM Monaco 于2020 年推出"Wonderland 计划"，为用户提供便利的珠宝维修和珠宝回收功能。

PRADA 敏感洞察到用户的新需求，推出了"私享一对一线上视频导购"的预约服务。"这款迷你手袋上镶着水晶，你可以看看搭配时大概是什么样的"，在手机视频里，一位身穿蓝色衬衫、手戴黑色手套的女生站在 PRADA 的背景墙前，正在为一位预约用户展示一件本季手袋上身后的实际效果。

LORO PIANA 的小程序更是别出心裁，为用户设计了一个新颖的语音礼品卡功能。用户购买礼品后可以录制一段 20 秒以内的语音祝福，这份祝福会与购买的商品同时送到，让用户的幸福感加倍。

在爱马仕的健身小程序 Hermes Fit 上，用户可以预约方巾瑜伽、腰带拉伸等线下趣味健身课；在 DIOR 小程序里，用户可以预约主题展览、售后服务、美妆服务等；在施华洛世奇的小程序中，用户可以预约参观中国 Instant Wonder 全新零售主题空间。

越来越多的"90 后""00 后"愿意为个性化的、贴心的、别致的服务买单。他们既是很多品类的核心用户，又是尝新者和引领者，其重要地位不言而喻。

思考题

1 用户需求

你的企业所在行业的目标用户，对于私域贴心服务的需求有多强？具体有哪些？

2 用户体验

你的企业有为私域用户提供贴心服务吗？如果有，做得如何？如果没有，为什么？用户的真实评价是什么样的？有哪些机会可以做得更好？

3 运营策略

是否应该把企业私域运营的重心之一放在贴心服务上？

第六节 范式五：社交服务

在一些场景中，用户之间有社交分享的需求，哪里可以提供这方面的服务呢？

当然，唯有私域。

优质的社交服务，不仅能够满足特定行业特定用户的社交需求，从而在产品上为用户创造更多价值，而且能够在促进私域用户黏性、转化率、复购率、联购率、裂变率等方面发挥作用。

为宝妈们定制的社交服务

美素佳儿在这方面有自己的一套方法，除了每周通过育儿知识与用户做互动、为会员提供专属的响应式服务、为会员们提供市场买不到的专属产品和赠品，还根据宝妈们的特殊需求——找到一群志同道合的人，特别设计了支持用户分享的各个环节，鼓励用户将新品试用心得、宝宝成长的过程、育儿困扰和烦恼等发在群里分享，同时这也是寻求交流与帮助。而拼团、活动、直播就成了抢实惠的日常促销。高转化率和好口碑的形成也就成了一个水到渠成的过程。[1]

---

[1] 本案例来自"见实"公众号的《会员服务、品牌溢价：美素佳儿和快鱼如何正确打开私域？》一文。

为投资者们定制的社交服务

其实，需要社交服务的用户不止宝妈们。

以下是在第三届微信生态交易展暨十城峰会上，富途联合创始人李镭的分享。

"从美股和港股的投资群体来讲，这个群体在整个社会中是比较高知、高收入的一群人。

那么这些人有什么需求呢？我们在炒股的时候，有时候会遇到一些'无知'的人。这个'无知'不是说对方没有文化，而是不知道怎么交易，不知道公司基本面好不好，不知道大环境会不会发生变化，这是一种无知。

还有'无助'。当你有问题的时候，向谁求助呢？一个人只能看电视，还是只能在吃饭的时候和同事或邻居们交流一下。

还有'无聊'。炒股这件事情有个'炒'字，除了价值投资，其实还带有一点儿游戏属性，所以，有时候一些人会陷入"我的交易非常成功"的认知里，或者在不成功的时候，不与大家互动，这是很无聊的。

我们解决这些场景需求，应该怎么做呢？就是鼓励用户分享自己的投资经历。我们可以看到，股吧比较偏向直接感性的表达，大家比较容易看到一些情绪和消息方面的内容。理性的观点、深度的分析比较多，讲很多基本面，这非常好。

富途是什么定位呢？我们本身是与交易绑定在一起的，所以我们把实盘作为一个抓手。

每个人都可以在富途的 App 里截图保存自己的投资成绩和交易行为。用户分享这些截图相当于由官方背书你的投资和交易行为，保证它是真实的。这种真实是不是要比空口说有感染力呢？所以，我们也看到我们的用户生成了大量的图片和笔记。

如果今天有一个人跟你说'我是股神'，他凭什么这么说呢？当他亮出他的收益时，假设收益是 1000% 多，那他是不是股神呢？有点儿像。

我们平时在交流的时候，除了说自己幸运的事，也很喜欢讲自己的不幸。'卖惨'也是人抒发情感的一种重要表达形式。

从有些用户的截图中，可以看出用户的买卖点，这能说明用户是怎么挣到钱的——在哪些低点买入，在哪些高点买出，有哪些持仓。

我们支持各种各样的分享形式，有些人喜欢分享绝对值，有些人喜欢分享比例。有了这些之后，这就是我们跟其他平台不一样的定位体现。

另外，我们还会给用户一定的主题，让用户围绕主题进行交流。什么叫主题呢？比如，今天腾讯发布了财报，'你怎么看待这个财报？'这算是一种主题；我们去猜'哔哩哔哩网站的市值会不会破百亿美元'，这是一种主题。再比如，最近上了一只很热门的新股，'大家有没有中签'，这也是一种主题。通过主题让大家一起交流。"

有了这些，就有了活跃的社区。富途社区现在每天的日活用户大概是70多万名，每天产出的UGC超过15万条，实盘晒单量1万多。[①]

富途是金融理财行业，我们再来看一个健康行业的案例。

在2020年11月20日召开的上海零售私域大会上，安利（中国）数字创新中心总经理李阳也有一些关于私域社交服务的分享。

私域就好像是相对独立的城邦，品牌商虽然表面上拥有这座城邦，但并不意味着其中的"居民"一定会服从"领主"的领导，他们随时可能用脚投票，离开这个私域。

---

① 本案例资料与数据来自"见实"公众号的《社区日活70多万户，每天产出的UGC超过15万条，富途的社区私域玩法来了！》一文。

　　把用户吸引到一个特定的私域，只是建设工作的开始，未必就是好的开始。一个没有内核吸引力的私域，就好像一个没有经济活力的城市，没办法吸引人们在这里长期居住、生活。因此我们首先需要在私域这座城邦中规划建设"积极空间"，比如建设一个人们喜欢驻足、愿意聚集的"广场和市集"。为此，我们赋能并助推各种以特定话题（比如"营养早餐"）为标识的主题社群，让进入安利私域的普通用户愿意停留、喜欢参与。①

---

① 本案例资料与数据来自"见实"公众号的《安利：我们已经做了60年私域，这个"社群 + 直播"的私域打法可作为参考！》一文。

思考题

1 用户需求

你的企业所在行业的目标用户，对于私域社交服务有需求吗？有多强？

2 用户体验

你的企业有为私域用户提供社交服务吗？如果有，做得如何？如果没有，为什么？用户的真实评价是什么样的？有哪些机会可以做得更好？

3 运营策略

是否应该把企业私域运营的重心之一放在社交服务上？

4 资源配称

目前的团队力量能够支持吗？要不要为私域用户专门建设一支社交服务团队？

5 组织保障

　　谁来负责这件事？是在内部挖掘人才，还是在外部挖掘人才？

第七节　其他范式

范式六：内容服务

绝大多数微信公众号提供给用户的就是内容服务，所以，大家对此再熟悉不过。

老饭骨、野兽生活、福维克美善品是内容服务的 3 个典型，且都与"吃"有关。

老饭骨从 2019 年 6 月开始做私域运营，现在有个人微信社群 150 个，企业微信社群 40 多个，共计 10 万多名私域用户。私域营收占总营收的 17%，同时还在扩大私域的布局。老饭骨在全网有 1600 万名用户。

老饭骨社群有一个特点——从不一味地往群里推销产品，优惠券也只是一个月发一两次。社群唯一固定的是在每天快到晚饭的时间发菜谱，在无形之中传递老饭骨私域的核心价值——和老饭骨一起过幸福生活。以前，大家可能每天不知道吃什么，现在有了菜谱大家就可以照着做了。

老饭骨办公室有一个家庭化场景的中央厨房，大爷、二伯的录制是在这里完成的。录制节目的时候会有很多花絮，我们会记录大家的笑脸和氛围等生活化的场景，真实地呈现给用户。①

野兽生活销售的是代餐产品，提供的却是一整套的瘦身解决方案。在各种私域里，野兽生活从科普内容这个角度持续输出内容，就像一个知识库和百科全书，持续对低碳水健康饮食进行专业解读，用户也可以随时找出来反复阅读。这些文章并没有很强的商业属性和带货属性，主要是介绍国外最前沿的营养学知识、专家报告，以及由野兽生活深入一线对专家医生进行的采访。②

德国高端电器品牌福维克美善品在进入中国市场不久后，就成为"网红料理机"，其中国市场的销售总监 Fredrik Lundqvist 曾在一次专访中说："福维克美善品的销售顾问在售卖产品时，会与每个顾客进行深度的沟通，销售成功后会将顾客邀请至相应的微信群，群里每天分享各种各样的食谱，福维克美善品将此视为服务的一个重要组成部分。在这些微信群中，顾客还可以分享自己的作品、喜欢的食谱，让福维克美善品成为他们生活的一部分。③

① 本案例资料与数据来自"见实"公众号的《老饭骨 5 个小策略将私域复购率提至 40%！》一文。

② 本案例资料与数据来自"见实"公众号的《私域帮忙卖代餐，一年 1 个亿！》一文。

③ 本案例资料与数据来自"见实"公众号的《五星大厨请回家——福维克美善品事业部 Fredrik Lundqvist 先生专访》一文。

思考题

1 用户需求

你的企业所在行业的目标用户，对于私域内容服务有需求吗？有多强？

2 用户体验

你的企业有为私域用户提供内容服务吗？如果有，做得如何？如果没有，为什么？用户的真实评价是什么样的？有哪些机会可以做得更好？

3 运营策略

是否应该把企业私域运营的重心之一放在内容服务上？

4 资源配称

目前的团队力量能够支持吗？要不要为私域用户专门组建一支内容服务团队？

5 组织保障

　　谁来负责这件事？是在内部挖掘人才，还是在外部挖掘人才？原来的广告策划、活动策划、公关策划负责人合适吗？需要哪些运营部门的什么样的配合与协同？

范式七：直播服务

直播，不只是一个带货的超级场景，还可以成为一项用户超级喜欢的高品质服务。

直播是内容服务的一种特殊形式。

比如，在培训、家装、理财、健康、美容等行业里，金牌老师直播解析最新教育政策、金牌设计师直播解析当前流行的轻奢风格家装案例、金牌理财师直播解析私家赚钱术、金牌营养师直播解析药食同源的家常菜谱、金牌美容师直播解析拯救粗黑皮肤的妙招等，对私域用户来说，这些是叫好又叫座的VIP级服务。

直播还是促销服务的一种特殊形式。

可以对低单价的高频商品进行一场大力度的内购直播、一场设计力与科技力同时在线的新品直播或一场拥有许多忠实粉丝的IP联名款直播等，这都是为私域用户精心准备的一次限量版"大餐"。

但是，只有直播，没有私域，怎么办呢？

"哪一场直播适合我？什么时候开播？在哪里？在各大平台同

时开始的 24 小时直播中，让我去找适合我的直播活动，岂不是大海捞针吗？"

"能不能及时为我推荐适合我的、我喜欢的直播？或者说可以为我这类用户定制一些直播内容、直播活动吗？我保证会来捧场，还会帮你们转发。"

以上是一个品牌在没有私域的情形下，一个忠实用户对该品牌直播活动的真实体验与真实需求。

如果没有私域，对于这些用户的需求，品牌商就没有能力满足。

唯有私域，可以解忧。不仅为品牌商解忧，更为用户解忧。

在 2020 年 7 月 30 日举办的巨量引擎夏季峰会上，抖音分享过两个相关数据：在抖音的直播活动中，一些做得比较好的直播间，其观众中的粉丝占比能达到 40%；而从直播间内的电商转化率来看，粉丝的贡献比其他观众的贡献多 15 倍。

上面的数据从侧面印证了一个观点：只做直播还不行，还要把直播做成一项为私域用户量身定制的高品质服务，这样才能释放巨大的价值。

思考题

1 用户需求

你的企业所在行业的目标用户，对于私域直播服务有需求吗？有多强？

2 用户体验

你的企业有为私域用户提供直播服务吗？如果有，做得如何？如果没有，为什么？用户的真实评价是什么样的？有哪些机会可以做得更好？

3 运营策略

是否应该把企业私域运营的重心放在直播服务上？

4 资源配称

目前的团队力量能够支持吗？要不要为私域用户专门组建一支直播服务团队？

5 组织保障

谁来负责这件事？是在内部挖掘人才，还是在外部挖掘人才？

范式八：品类服务

在私域特供服务中，有一种服务是品类服务，包括品类导购服务、品类促销服务与品类细分服务。品类服务对于用户来说是绝对刚需，且只有品类商才有能力提供。

鉴于品类服务的重要性和特殊性，我把这部分内容放在本书的最后，单独成章、详细拆解。

第八节　总结

私域为用户特供的各种服务，如图 2-12 所示。

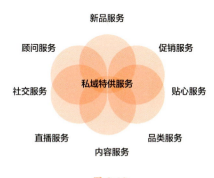

图 2-12

仔细推敲私域为用户特供的各种服务，会发现各个私域服务与各个私域场景之间是多对多的关系，即每个私域场景都可以特供多种私域服务，每种私域服务都能在多个私域场景中出现，如图 2-13 所示。而哪一个场景与哪一种服务的具体关系有何基本规律，并不绝对，从本质上来说，与行业关系最大。

	社群	官方导购	公众号	小程序商城	视频号
新品服务	*	*	*	*	*
促销服务	*	*	*	*	*
顾问服务		*			
贴心服务		*	*	*	
社交服务	*				
内容服务	*		*	*	*
直播服务	*	*	*	*	*

图 2-13

同时，各个行业能为用户在私域里特供的服务，虽然有些是相同且相通的，但是，不同行业之间在具体的运营策略与细节上，是有明显差别的。

以前，企业没有能力为用户提供如此高级的服务；在进入私域时代之后，每个品牌都拥有了同样的机会。所以，"私域服务力"

不仅直接决定私域用户黏性、私域运营绩效，还必然成为新的决定商战胜败的影响因素。

在私域时代里，同行或者不同行的对手之间，拼的不仅是品牌力、产品力、渠道力，还有各自构建私域服务能力的速度，更重要的是，还要比各自为用户提供的私域服务的质量。

将欲取之　必先与之

四 大 核 心 能 力 的 修 炼 错 题 本

成功运营私域的核心，在于锻造一支"四项全能的团"。

如果我们对决定私域运营成败的核心岗位缺乏足够深的、客观的、立体的认知与理解，"点错将、用错兵"就会成为常态。错误的认知与理解不仅会在成功组团后使目标的确定遥遥无期，一家企业的"私域战略"实施失败，而且会使一家企业失去利用私域发展全新能力，以及为用户创造崭新的、更高级的服务体验的历史性机会。虽然错误的认知与理解未必值得被原谅，但一定可以避免。

第一节　这一次不同

首先，我们需要对私域运营的底层能力进行解构。

私域运营需要具有四大核心能力，四个"造"——造画像、造内容、造场景、造工具，即四个 making。

四个"造"，一个都不能少。

我曾在《流量制造》一书中对这四个"造"进行了大篇幅的分析，所以，在这里就不再叙述如何具体实现"四个造"、有哪些标杆案例值得借鉴，而是着重讨论这些问题：为什么大多数企业在打造这些核心能力的过程中吃尽苦头，却又收效甚微呢？破题的关键到底是什么？

正如上一章所总结的一样，私域能够为用户提供的服务很"高级"，是即时的、主动的、个性化的、持续的、丰富的服务。

显然，私域服务绝非轻易搞得定，轻松玩得转，实际上，做得好比较难。

之所以难的核心原因如下：

一是所需能力是全新的，无论是个人还是组织。

二是所需能力是综合的，需要全面发展才能见效。

中国的营销理论与技术一直在发展、迭代，广告人、营销人马不停蹄地更新自己的知识与经验库，虽然辛苦，但谈不上多么艰难。

但这一次不同。

私域运营，不仅从底层对传统营销进行了一次全面的升级换代，还推动着一家企业的销售、研发、生产、供应链等各方面的全面数字化变革。所以，私域运营需要的知识与经验，对传统营销人和传统企业来说，需要下苦功、下狠劲儿，并且要坚持不懈。

私域运营需要的四大核心能力需要经过长时间的锻炼，才能具备，且需要很多人一起努力。练就这 4 种能力，可能需要相当长的一段时间，没有效果，没有动静，对手看不懂，自己人看不惯，所有人看不上。不过，一定可以练成，一定有人会练成，也一定有人已经练得小有所成。

一旦练成，一招制敌，降维打击。

以下分析是我基于 20 年的营销实践、8 年的营销数字化与私域运营实践，以及近一年来对诸多行业、诸多企业在私域及数字化领域的交流与调研，所形成的经验判断与独立观点，如图 3-1 所示。

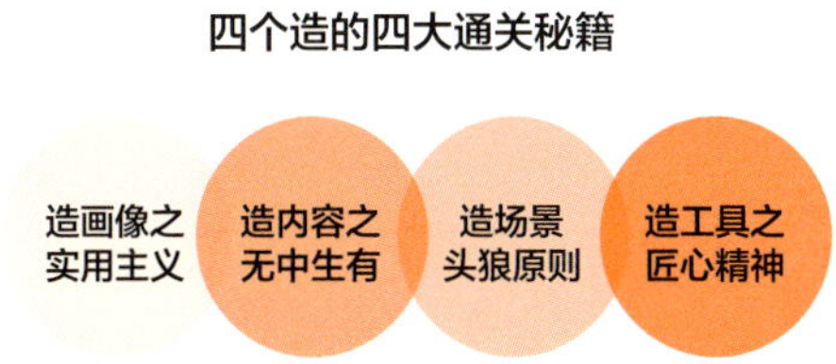

四个造的四大通关秘籍

| 造画像之实用主义 | 造内容之无中生有 | 造场景头狼原则 | 造工具之匠心精神 |

图 3-1

第二节　造画像之实用主义

造画像之实用主义，是专治造画像之过分焦虑症的。

造画像，实现的是私域用户服务的个性化。

服务要想获得好的用户体验，就必须实现个性化，或者定制化。

要想做好服务，必须先把人琢磨透。

这就需要我们对每位用户造一幅用户画像，清晰、完整、立体地展示用户的多维度特征、需求与偏好。同时，数据要"新鲜"，这样，画像才有效。

　　相比其他三"造"，造画像，不难，如图 3-2 所示。但是，很多指导或负责造画像的人过分解读"数据是数字化的基石"这一真理，把造画像这件事想得太难了，过多的焦虑感影响了他们的主见和正确的判断。

图 3-2

造画像之过分焦虑

一、过分焦虑数据采集的完整性

　　"做数字化，做私域，离不开数据，且数据越完整越好。我们线下企业的线下数据价值很高，必须全部收进囊中。"这是很多线下企业的潜意识或笃信的观点。

　　因此，曾经在相当长的一段时间里，很多平台、企业都在做商场数字化、终端数字化，利用包含二维码、人体热感应、LBS、WiFi探针、电子屏交互、智慧停车、iBeacon、人脸识别等各种技术，试图将线下的用户行为沉淀为数据，为此，他们投入了很多的精力、时间及预算，但是，效果平平，甚至为零。

用户数据的确是造画像的基石，我们要尽可能地将线下用户行为数字化，将用户行为沉淀为数据，但是，有个前提——要有合理的投入、产出性价比。

其实，从实用主义的角度来看，除了全力以赴将线下支付数据做好，还要全力增进与用户在线上私域场景里的各种互动，从而轻松地累积比线下更大规模、更多维度的用户数据，进而才能绘制出真正清晰、立体、鲜活的用户画像。

采集私域数据比采集线下数据重要得多，其原因如下：

（1）私域数据丰富得多。

在私域里，用户的每个动作都能够被沉淀为数据，包括且不限于用户的点击、阅读、收看、收藏、转发、评论、分享、咨询、搜索、留资、预订、领券、用券、下单、参与活动等。

（2）采集私域数据容易得多。

线上的用户数据采集技术早已非常成熟，用户在私域里的每次互动，都能够轻松地以数据的形式被完整保留下来。

所以，对于线下企业，除非性价比合适，否则完全没有必要费九牛二虎之力去"折腾"除支付外的线下用户数据。但是，很多企业在这个问题上由于惯性思维搞反了，结果浪费不少资源。

事实上，线下企业在现有技术条件下，能从线下获取的有效用户数据仅限于销售数据，且未必颗粒度到用户级；能从线上公海获取的用户数据则仅限于部分广告数据。

只有在私域里实现与用户的持续互动，才能为传统企业带来取之不尽的、精准的、多维的、低成本的、合法的用户数据资产。

当然，一切都在动态的变化之中。以前不行，不代表现在不行，现在不行，不代表未来不行。对于技术这件事，尤其如此。

随着线下数据采集技术的不断迭代，成本问题、效率问题、数据应用场景问题等都在慢慢地被彻底解决。线下用户数据的实际应用场景正在加速度地被创新、被开发出来，尤其是在大卖场、shopping mall 中。而其中的主流解决方案是以图像识别为核心的多重技术解决方案，爱笔智能科技有限公司是这方面的开创者之一，更是当下的引领者。

爱笔智能科技有限公司的创始人林元庆先生在一次论坛上曾说："基于精准的图像识别，每个零售商都能实现对每个店铺、每个角落、每排货架、每条动线，在每个工作日、休息日、节庆日、活动日里的流量，进行实时的监测与评估分析，从而量化每个评估对象的流量表现、每个要素的变化对流量产生的影响，进而对动线规划的设计、租金政策的设计、促销策略的设计给予重要帮助。比如，现有动线要不要改、这个店铺要不要换、那个促销要不要上，以及动线改了之后带来的增益具体有多少、店铺换了之后带来的变化具体有多大、促销上了之后带来的影响具体有多强。

不仅如此，爱笔智能科技有限公司还利用精准且便利的室内导航技术，为用户解决了逛商场的痛点——没完没了地问路与无法避免地迷路，从而将流量与用户的互动、用户的消费行为进行连接，进而实现商场营销的历史性突破。

企业在应用了上述技术之后，一方面，商场能够针对每位用户进行精准营销，比如，利用小程序针对在商场里用餐的年轻家庭顾客，推送一张正在热映的动画电影票折扣券；另一方面，能够识别每个营销动作与营销结果的因果关系，比如，分析推送电影票折扣券这一动作产生的到店率，即收到电影票折扣券且当天走入电影院的用户占当天收到折扣券的所有用户的比例。

二、过分焦虑数据打通的挑战性

微信生态涉及的范围很广，与用户互动的场景很多，比如，聊天场景、社群场景、朋友圈场景、公众号场景、小程序场景、企业号场景、视频号场景及直播场景，等等，数据打通曾经是个大难题，引发了各种焦虑与抱怨，如今，这一切已成为过去。

下面以典型的私域场景——微信生态为例。

今天，在腾讯智慧零售及其生态服务商体系的赋能下，商家已经能够轻松地为每位用户建立一个唯一的 UnionID 及微信生态统一画像，即将商家与用户在不同私域场景的互动数据完全打通。

比如，一位用户因为在朋友圈看到一篇分享护肤经验的文章，从而关注了一个护肤品品牌的订阅号，然后，又在线下专卖店通过导购员加了企业微信；在后续的互动过程中，用户又加入导购推荐的一个护肤交流微信群，并经常在群里阅读、观看公众号的推文和视频，或通过点击小程序参加促销活动和直播活动，也时常被公众号里的内容吸引。在这个例子中，就出现了用户与品牌商之间的多场景互动，品牌商可以基于微信提供的 UnionID 对用户进行精准的唯一识别，并将所有场景中的互动数据打通，统一放在用户的画像中。

如果这个例子发生在阿里巴巴生态或抖音平台中，同样也能够在各平台方的赋能下，将某个平台下的多场景数据打通。

那么，发生在各个生态平台上的互动，其数据如何连接、打通呢？

这就要讲数据中台了。

数据中台是造画像的高配甚至顶配生产线，如果有条件，建设一方数据中台，就会有效解决数据孤岛问题，并让"私域特供服务"的精准度与精细度、质量与效率获得持续大幅提升。

各大平台的数据生态形成了一座座相互隔绝的围墙花园，这导致了现实中比较常见的跨平台多场景用户互动及消费的归因分析无法实现。有了数据中台，则一切问题迎刃而解。

比如，一位用户在一个厨具品牌公众号发布的文章中，看到自己喜欢的一位"网红"达人正在推荐这个品牌的某款新品，然后又在这个品牌的抖音企业号里观看这款产品的导购直播，并对这款产品动了心，最后在淘宝上下了单。如果没有数据中台，以上这些用户行为就只能被沉淀为离散的数据，并不能发挥作用。如果一家品牌商有数据中台，就能够通过用户的 OneID 实现各平台数据的联通，由此得出一个归因结论：微信公众号的文章、抖音的导购直播，对用户的消费决策有显著的影响力。当然，数据中台会根据大量用户的互动与消费数据进行深度的归因分析，从而得出针对不同人群的营销策略和建议。

现实中，由于各大平台的数据保护及数据安全政策的限制，即便有数据中台，跨平台数据的打通也依然会"磕磕绊绊"。而且，随着国家相关法规的持续迭代，具体操作层面依然存在变数。

另外，不仅外部数据要打通，企业内容各个运营环节的数据也要无缝连接。当然，各个运营环节的数据连接相对容易。百果园大概用了 80 天时间，通过数据中台架构，快速地把所有和营销有关的各个运营环节的数据全部整合到一起，让营销、运营形成一股劲儿。

阿里云、腾讯智慧零售是目前最大的两个数据中台搭建服务商，有成熟的团队、成熟的产品、各行各业的经验，以及成熟的生态服务商体系。每个平台为企业搭建的数据中台，不仅能够实现与自身平台各个生态模块的顺滑对接，而且完全能够适用于与其他各个平台、各类数据源、各类投放平台的对接。

三、过分焦虑数据应用的精确性

在产品开发方面，有一个词叫"过度开发"；在数据应用方面，有一种现象被称为"过度挖掘"。

我们经常说"千人千面"，但是，在实际应用用户画像时，因为受到数据规模、数据新鲜度等因素的限制，企业想要在同一时间为每位用户画出一幅清晰、完整、立体的画像，是难以做到的。

但是，这不重要，因为在绝大多数场景中不需要这样做。

在实际应用中，根据人群的相似性，做到"千群千面"往往已经足够了。

通过标签系统，数据中台能够实现对总体用户的即时分群，而且是基于多维标签和算法模型来实现的。比如，将一定年龄区间的用户分为重度消费人群、已购买人群、已收藏但未购买人群、已咨询未购买人群、已点击阅读未购买人群等。而且，也可以进一步细分，比如，某某平台的未购买人群、某某平台一周内已观看直播但未购买的人群、某某电商一周内已观看直播且收藏产品链接但未购买的人群等。

所以，在通常情况下，只要我们有了这些用户数据：用户买过什么，用户购买过的每个商品的购买频次、数量是多少，用户经常在哪里买，用户经常浏览什么商品，用户经常在哪里浏览，用户经常参加什么类型的促销活动、互动活动，一幅很有实用价值的用户画像就基本完成了，大多数的个性化营销就可以有效实施了。

比如，做直播，我们确实需要根据用户画像实时调整货品配比方案，包括品类配比、客单价配比、新老产品配比，等等。此时，我们只需要分析不同用户的群像，就能够完全保证数据应用的精准性，并不需要对每幅用户画像进行精细、完整的深度挖掘，因为我们不会为每位用户打造不同的直播活动。

其实，在很多场景下，用户画像反而不能画得太细。比如，投放精准广告，如果目标用户画像画得太过精细，就意味着目标人群定位"太过狭窄"，那么，投放所能触达的用户就会太少，大量潜在用户就无法被触达。这对于大多数的有一定覆盖率要求的广告投放项目来说，显然是弊大于利的。

不仅如此，假如我们能够为每位用户画出理想的精准画像，能够对每幅用户画像进行高精度的、深度的全面挖掘，难道我们就能为每位用户策划一个不一样的广告或内容、促销或直播、券或红包，然后进行投放或推送吗？显然不可能，在现有的整体技术水平与运营水平下，这样做既没有效率，也不合适。

当然，对于私域电商场景来说，比如小程序商城，则必须且能够根据每位用户的独立画像，实现商品展示的"千店千面"和猜你喜欢的"千人千面"。

凡事皆有度，用户有分层。

实现用户分层的真实案例

下面是 5 个利用"并不复杂的"用户画像轻松实现用户分层运营的真实案例。

百果园有 4800 多位店长通过企业微信实现精细化管理。这些店长可以知道周边哪些居民是企业的用户，哪些已成为本店的会员，哪些会员年度权益到期了；然后，店长可以从内容库中找到一个适合的信息模板，通过私域发给这些用户，告知年度会员的权益与价值，以及去年这些权益帮用户省了多少钱，会员看到这些内容之后就会更愿意进行续费。门店也可以知道哪些用户买过哪个商品，如果用户没有买过某热销商品、某新品或某高端商品，就可以给用户发一张券或一个券包，促进用户进行联购或消费升级，等等。

百果园利用数据挖掘不断提升运营的精细度。比如，用户对商品的价格是很敏感的，对于一些高收入、高消费人群更是这样。但是，这只是经验，百果园通过数据挖掘，发现 70% 百果园用户的关注点在价格上，而那些 30 岁以上、客单价在 30 元以上的女性会员，则恰恰相反，她们关注的焦点 70% 落在了服务上，她们不太关注价格。可以想象这些发现对于百果园专门为这些用户设计与提供更多更好的定制化服务，是多么直接有效。[①]

---

① 本案例资料与数据来自"见实"公众号的《七千万会员的百果园，靠私域流量喜提世界第一？》一文。

相宜本草利用用户画像，将用户分层，并"分而治之"。针对新注册用户，着重于持续"种草"，引导用户一步步实现第一次转化；针对金卡用户中的 6 个月未消费用户，着重通过积分到期提醒、生日祝福、新品推荐等方式，激活用户，激发复购，提升增量。

兴盛优选针对未消费用户与消费用户，采用不同的互动方式。针对进入私域但未产生消费的用户，在一定时间内，会通过提醒推送引导用户关注新人专享价和新人专享商品，刺激转化；针对消费用户，会通过提醒推送引导用户关注消费返券的券包，从而引导用户持续复购。

百果园对 7000 万名会员根据消费金额、频次、购买时间、常购水果等标签进行分群归类，并将会员与每一种水果建立关联，从而实现"千人千券"的推送。

麦当劳根据不同用户的用券习惯，推送不同类型的优惠。对上班族推送早餐券，对"小资"人群推送饮品券等。

奈雪利用用户标签体系，实现了社群的分层运营。对初次在门店品尝畅饮的用户，奈雪会将其邀请至专有的新客社群，此类社群中常有关于奈雪品牌故事的推送；对门店周围的熟客，奈雪会将其邀请至熟客社群中，这些社群中常有定时福利的分享。

从以上 5 个案例可以看出，**用户画像对日常运营的意义重大，而在很多场景下，日常运营对用户画像的要求，并没有想象中那么高。**

私域是造画像的最优解

之所以很多企业对"造画像"这件事有过多焦虑，是因为与品牌商在线下渠道里、线上公域里"造画像太难"密切相关。

品牌商无法利用线下渠道"造画像"的原因有两个。

（1）数据不属于自己。

除了专卖店，收银数据都在大卖场、连锁超市、便利店、百货商场的手上，绝大多数品牌商没有用户消费数据。其实，这些终端零售商在没有使用线上支付手段之前，自身也没有颗粒度到每位用户的消费数据。

（2）数据不在自己手上。

即使有专卖店，但只要不是直营，收银数据还是掌握在经销商手上，品牌商还是没有用户的消费数据。众所周知，在经销商的传统意识里，与品牌商共享数据，是百害而无一利的。而且，相当一部分经销商因为缺乏数字化的基本理念或基础建设，并没有真正有效采集用户级的消费数据。

接下来，聊聊利用公域造画像的那些事儿。也可以用一句话概括：以后没得玩了。但是，因为有私域，所以，不必焦虑。

2020 年 10 月 21 日，全国人大常委会法工委发布了《中华人民共和国个人信息保护法（草案）》征求意见稿（以下简称《个人信息保护法》），就个人信息保护有关的立法问题向社会公开征求意见。

多年以来，与个人信息保护相关的立法不断出台，但始终缺少一部真正系统且完整的专门针对个人信息保护的法律法规。对于现有颁布的法律法规，包括《中华人民共和国民法典》《中华人民共和国电子商务法》《中华人民共和国网络安全法》《消费者权益保护法》《中华人民共和国广告法》，以及《关于加强网络信息保护的决定》《电信和互联网用户个人信息保护规定》《信息安全技术个人信息安全规范》，尽管有部分内容与个人信息保护密切相关，但还是原则性的、框架性的、指导性的内容居多，不能真正高效适用于各种实际场景。

2021 年 4 月 30 日，十三届人大常委会公布了《个人信息保护法（草案二次审议稿）》与《数据安全法（草案二次审议稿）》。

总体而言，两部二审稿均沿用了一审稿中的整体框架和大部分规则，仅在具体规则上进行部分补充和优化。这意味着两部立法的主要内容已经在各行业中形成了初步的广泛共识。

2021年6月10日，最高人民法院发布《中华人民共和国数据安全法》，所指数据包括任何以电子或者其他方式对信息的记录。法规规定，任何组织、个人收集数据，应当采取合法、正当的方式，不得窃取或者以其他非法方式获取数据。该法规于同年9月1日起施行。

2021年8月17日，《个人信息保护法（草案）》（以下简称"草案"）提请全国人大常委会会议第三次审议。

作为中国首部个人信息保护的专门性立法，草案的立法进程备受关注。与此前的草案二审稿相比，三审稿进一步回应了社会关切，特别对应用程序（App）过度收集个人信息、"大数据杀熟"等做出针对性规范，同时对个人信息跨境提供规则做出相关规定。

2021年6月17日，抖音电商运营团队发布《关于抖店开放平台订单数据安全升级公告》，称为了确保抖店消费者和商家的数据安全，防止因消费者隐私数据出现泄露导致消费者和商家损失，抖店将不断升级消费者隐私数据加密项目，2021年8月1日起，对抖店订单中的消费者隐私数据全程加密，会加密的消费者隐私数据包括收件人姓名、手机号、收货地址。针对跨境业务等涉及更多消费者隐私数据的方面，未来平台会逐步纳入数据安全管控体系。

2021 年 7 月 6 日，阿里巴巴开放平台发布《依法加强消费者订单中敏感信息保护的公告》，称将启动订单处理链路的消费者敏感信息保护方案，对涉及消费者个人敏感信息采取加密、去标识化等安全技术措施。敏感数据仅限于展示，禁止任何形式落地保存；开发者需根据业务场景调用解密接口解密，平台会基于解密场景对频次和额度进行管控。

2021 年 7 月 9 日，京东发布《JD 用户订单隐私安全方案》，称为保障京东用户和商家数据信息安全，京东商家开放平台将对订单中的手机号和座机号进行脱敏；为保障生态伙伴数据的安全流动，京东将根据应用类型分别开启隐私脱敏出参和推送。自 2021 年 10 月 15 日起，开放平台将对新增开发者直接升级《JD 用户订单隐私安全方案》，新入驻开发者针对方案进行措施升级。

国家与行业不断推出的各项法规、政策，将对品牌商的数据采集、整合、分析与应用造成直接的重大影响。品牌商从公域直接获取用户信息受限、品牌商无法直接识别公域用户并进行精准营销、品牌商无法跨平台利用公域数据进行深度用户画像分析。

以上的法规、政策，对品牌商在私域里获取用户身份与行为数据，并没有本质影响，且进一步凸显了品牌商利用私域进行用户数据沉淀与应用的巨大价值——一种不可替代的、为一家企业所有运营动作提供底层动力的价值。

事实上，还有很多企业在造画像这件事上，并没有患上"过分焦虑"症，但也做得确实不轻松，确实不理想。这些企业出现这种情况其实与专业无关，而是在组织协同上出了问题，从而导致在很多场景下的数据采集被百般受阻、各个部门的数据打通始终无果、关键岗位的数据应用得不到有力且持久的支撑。

第三节 造内容之无中生有

这个"无中生有"的做法，是专治造内容之"永无止境"症与"先天不足"症的。

造内容，实现的是私域用户服务的丰富性。

我认为得内容者得私域。造内容是重中之重，是现实中决定私域运营、私域服务成功与否的关键，也是诸多朋友经常讨论的话题之一。

造内容是指创作与商品直接或间接相关的内容，是货的数字化。

内容就是产品的再造，而产品只是"半成品"。现实中，很多企业的产品高度同质化，而彼此之间的内容制造能力却相差很大，导致不同企业的品牌和产品在用户心智中不是一个段位，营销从来都是"认知大于事实"。

在私域里，广告无用。

线上的每一次用户互动都离不开有价值的信息交互，而广告已经有些落后了，在很多场景里，传统广告比较低效是不争的事实，尤其是在私域场景里。

用户需要的是有价值的信息内容。而反复出现的广告在任何用户的心智中都没有实际的价值，有时会是多余的、不同程度的骚扰。

同一个内容，无论是视频还是图文，如果像广告一样反复出现在社群中、一对一对话中、公众号或企业号的推送中，都一定会被用户给"差评"。

为了让每个内容在用户体验中能够持续获得价值感，创作者要付出的心力与时间，相比半年甚至一年创作一支广告的成本，完全不是一个量级的。

具体来说，造内容的难，难在两点（见图3-3）。

（1）永无止境。

（2）先天不足。

图 3-3

造内容之永无止境

造内容，无论从哪方面讲，都终归属于一种创作。

为了做好私域运营、私域用户服务，这份创作永无止境，且是三维立体的永无止境。

（1）**创意无止境**。创作必有创意，而创意本身从来永无止境，好可以再好，优秀之上还有卓越，"爆款"之外还有现象级，且创意形式也变化无穷，微电影之后有小视频，vlog 之后还有直播。

（2）**潮流无止境**。时代变迁，时尚潮流后浪追前浪，用户的喜好时刻在变，且越变越快，且越来越离散，所以，创作者的学习与实践永无止境。

（3）**需求无止境。**当下及未来，我们还有一个前所未有、如今不得不面对的挑战与机遇：我们需要在线上尽可能完整、立体、生动地展示有关一个品牌、产品、活动的方方面面，这就意味着从前"一支 TVC 打天下"的日子一去不复返了，内容生产者需要夜以继日地创作永无止境的内容。

从本质上来说，这是因为用户对信息的需求无休无止。哪怕是一场促销活动，为了做好面向私域用户的推荐服务，我们必须从活动主题、参与品牌、爆款矩阵、明星网红、IP 联名、折扣力度、具体玩法、特殊权益、套餐推荐等维度上，分别创作多个内容，与用户互动，为用户提供有价值的信息服务。

但是，这里要澄清一点：内容不在于重，而在于真，在于符合用户的实际需求。

一个"真"字，力大无穷。

2020 年，小红帽的 25 个人通过私域卖货达到 5 亿元销售额。产品的照片、视频都是他们自己拍的，没有专业人士拍得好，但很真实，让用户所见即所得。小红帽创始人曾说："没有套路就是我们最大的'套路'。"比如，小红帽卖芒果的文案是：这款芒果是树上熟，它确实贵，除了贵，其他方面没毛病，味道非常浓郁；芒果是不是自然熟主要看小的一头是否变黄，如果小的一头变黄了，即便上面是青的，也可以吃。

造内容之先天不足

人们经常问一个问题：什么行业适合做私域？我的行业适合做私域吗？

这个问题的核心与造内容密切相关。

建设私域有 3 个关键：一是拉新；二是活跃度；三是黏性（用户在私域里的生命周期）。

对于线下企业来说，除媒体广告投放，拉新能力取决于其在线上和线下拥有的与用户能够产生互动的触点规模。大多数有一定规模的品牌商都拥有大量的线下门店、门店导购、商品，以及线上店铺，所以，他们可以源源不断地大规模拉新，将潜在用户与购买用户引入线上私域。

那么，活跃度与黏性这两个关键取决于什么呢？

决定私域用户活跃度和黏性的不是消费频率。低频的不代表不能做好，高频的不代表一定能做好，也不是频率越高越好做。

决定私域用户活跃度和黏性的不是客单价。高价的不是一定不能做好，低价的也可能做不好，且并非单价越低越好做，或越高越好。

家装、汽车、房产、高端电器、眼镜等行业，消费低频甚至极低频，客单价很高甚至非常高，但是，红星美凯龙、尚品宅配、奇瑞、丰田、蔚来、豪车毒、万科、碧桂园、戴森、卡萨帝、宝岛眼镜等企业，却把各种场景的私域做得很好。相反，饮料、食品、日化消费频率很高甚至非常高，单价很低甚至低到一两元，但很多耳熟能详的跨国品牌、本土品牌在私域运营上，却鲜有作为。实践证明，这个现象的背后是有普遍规律在起作用的。

那么，到底是什么决定着私域运营的活跃度与黏性？

决定私域用户活跃度和黏性的是用户对一家企业经营产品和服务的内容需求强度的总和，如图3-4所示。这里所说的内容是指消费者进行购买决策所需的各种信息，包括且不限于与品类相关的、品牌相关的、商品相关的、服务相关的，等等；与选购知识相关的、与生活方式相关的、与促销活动相关的、与公益推广相关的，等等。

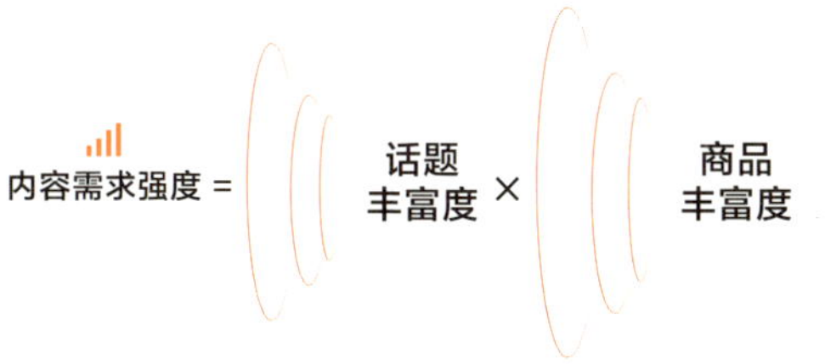

内容需求强度 = 话题丰富度 × 商品丰富度

图 3-4

"内容需求强度"首先取决于行业的"话题丰富度"。

一家企业所在行业的话题丰富度越高，用户对该企业的"内容需求强度"就越高，也就意味着该企业的内容运营难度越低，私域运营的活跃度与黏性相比其他行业的企业就会越高，企业利用私域所能发挥的威力和价值就越大。

不同行业，话题丰富度相差很大。

比如美妆行业、美容行业、母婴行业、教育行业、健身行业、保健医疗行业、体育用品行业、服装行业、旅游行业等，对于与美相关、与投资相关、与生活方式相关的品类，消费者有着对大量内容的持续"饥渴"。所以，一直以来，无论报纸、杂志、图书，还是电话、节目、网络频道，或是论坛、公众号，都有这些行业的专题、专栏和专刊。

同样，这些行业的品牌商能够持续生产用户喜闻乐见、赏心悦目的各种内容，在私域里与用户进行高频互动。反之，对于地板行业、卫浴行业、空调行业、饮料行业、方便面行业、电池行业等，品牌商则难以源源不断地生产出能够持续吸引消费者的内容。所以，一个地板品牌、口香糖品牌、瓷砖品牌、空调品牌、矿泉水品牌、方便面品牌、电池品牌等，即使成功地将用户引入社群里、天猫或小红书的品牌号里、订阅号里、服务号里、小程序上、企业微信或抖音企业号里，每天与用户互动什么呢？如何互动？

"我家地板怎么好？"

"我家地板有多少种？"

"用户用了我家地板，实景图很漂亮。"

"我家又做直播了。"

"口香糖怎么吃更有趣？"

"口香糖有什么新品？"

"我家口香糖换包装了。"

…………

很明显，无论消费者会不会重复购买，对于这些品类，品牌商与消费者能聊的话题非常有限。

所以，如果卖的是话题丰富度低且消费低频的商品，我们只能做"短私域"，即我们可以用私域有效地提升转化率，但不必心存"通过私域提升复购"的想法。我们可以把线上、线下入店的精准潜客拉到私域里，尤其是官方导购场景和社群场景，然后尽可能对其进行高频地、定制化地"种草"，目的是让他们对并不熟悉的低频商品，尤其是低频且高客单、重决策的商品，能有充分的了解，包括了解有关品类、品种、品牌、系列及服务等方面的信息，进而产生信赖和青睐，最终实现百里挑一，成功下单。

如果卖的是话题丰富度低且消费高频的商品，从逻辑和现实上来讲，我们只能做"弱私域"。比如，为纯净水、运动饮料、方便食品、薯片、食用油、洗发水、洗面奶、餐巾纸、牙刷、牙膏等行业的品牌建设私域，我们能做的就是将尽可能多的用户引入私域，尤其是官方微信、官方微博、官方抖音、视频号，然后，通过持续创作内容，努力争取一部分品牌留下来，至于能留下多少，就看品牌企业内容团队长时间"无中生有"的高阶创意能力了。尽管新品上市、代言人活动、IP推广等会对内容生产有积极影响，但是，从总体来讲，互动的频率还是会维持在低水平，且不宜太高。因为从本质上来说，这类商品的复购用户对这类商品本无太多内容需求。

可见，相当多的行业，在造内容这件事上，实属先天不足。

办法总是有的。

造内容之无中生有

很多企业身在低话题度的行业，要么终日抱怨"巧妇难为无米之炊"，要么干脆接受自己在造内容这个象限里碌碌无为的命运。

有些企业身在低话题度的行业，却因为坚信自己可以改变，一路闯关，最终掌握了"无中生有"的妙诀（见图 3-5），练就了"无中生有"的能力，不仅创造了行业奇迹，还在各项指标上超过很多身在高话题度行业的企业。

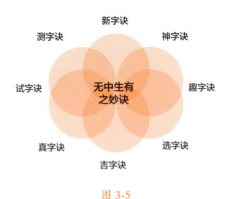

图 3-5

一、西贝之"新字诀"

西贝是典型之一。

原本，西贝应该像其他餐饮企业一样，很难在私域里与用户建立高频互动。因为实在没有太多话题，就那么一些菜肴，老顾客都可以倒背如流了。

后来，西贝通过亲子活动、美食故事、厨艺分享，以及持续上新的包装食品，实现了一家餐饮企业在造内容这件事上的"无中生有"。事实上，其在所造内容的丰富度、生动性、吸引力方面，比许多行业都做得好。

3年前，我在上海西贝日月光门店用餐，一位营业员见我带着孩子，就问我有没有兴趣参加接下来的亲子活动。一番简短交流之后，我欣然入群。

上周是"探索莜面饼干的秘密"，这周是"亲子体验趣味搓莜面"，下周是"一起做个窝窝头"……每周，群主都会在群里告诉大家接下来是什么亲子活动，同时还会附上上一次活动现场的精彩时刻剪辑照片，吸引爸爸、妈妈纷纷报名；活动前一天，还会贴心地提醒大家第二天的天气、需要做好哪些准备工作、入场路线等；活动当天，群主会在群里不断地利用图片、视频直播现场盛况；活动后，群主还会分享珍贵留影。

今天是"今晚宝林哥在黄河老牛湾现场直播当地老乡手捣炸糕，欢迎大家晚上跟宝林哥一起云游老牛湾"；明天是"花式卡通馍馍课程上线啦！如何捏出让孩子们尖叫的可爱馍馍呢？和面有哪些技巧？3种好吃的馅料怎么做？扫码让资深花馍导师教你"；后天是"给大家分享几个大厨挑选新鲜水产品的小妙招"……每一天都有厨艺知识与美食故事分享。

好的内容有人气，好的新品才是人气王。在造内容这件事上，西贝厉害的是练成了"新"字诀。

西贝之所以在私域里越做越好，是因为永远与用户有聊不完的话题，最主要的是它拥有越来越多的新品，且上新速度越来越快。

西贝的各色菜肴是固定的，不过，这里说的西贝新品并不是可以在西贝门店堂吃的各色菜肴，而是西贝推出的一款又一款新鲜果蔬产品与包装食品。

二、古也美术教育之"神"字诀

如果你是一家教画画的线上培训机构，你会在你的私域里与你的用户每天聊些什么呢？

美术知识？作品赏析？好像都少点新意。

贾超便能"无中生有",不仅在画布上,还在每一次的内容创作中。

贾超是古也美术教育的创始人,在抖音上人称"才华哥",曾在 2020 年 2 月份的某一天涨粉 200 万人。

仅仅是画画,就是"无";"画画 + 万物",就是无穷无尽的"有"。

在盘子上画大海、用树叶画山水、用牙刷画星空……这就是贾超的"无中生有"大法。他在每个视频内容中,用一个普通的物件秀出他的画画技能。此外,他还用特有的搞笑语气和一句标志性口号"我这该死的艺术才华",为其所有出品的内容烙上颇具差异化的品牌印记。

有了这些高点击、高转发的内容,"古也美术教育"迅速成为抖音教育行业粉丝数 TOP3。

无独有偶。

如果说古也美术教育的造内容口诀是"神","北京七点画室"的口诀则是"趣"。

三、北京七点画室之"趣"字诀

北京七点画室是一个传统线下美术培训机构，从 2018 年 8 月开始尝试做抖音短视频。在第一个爆款视频中，学员施展高超画技，在墙上"造"了一个插座，成功"欺骗"了画室的老师。这个"笑点在最后"的典型抖音式短视频获得了 300 多万人点赞，一举将其账号推送至当月抖音点赞榜第一名。

至此，北京七点画室摸索到了"无中生有"的门道，不断挖掘画室的趣味日常，迅速吸引了许多网友，并持续与粉丝互动。截至 2020 年 7 月，北京七点画室已积累 807.5 万名粉丝，一跃成为抖音教育行业企业号粉丝数 TOP2。

中国也许有几万家美术培训机构、几万家大大小小的画室，他们的老师难道没有贾超的"神技"吗？他们的师生难道没有北京七点画室的幽默感吗？显然不是，问题的根本在于对造内容的重视，对"无中生有"的笃信，以及永葆匠心的执着。

除了"新"字诀、"神"字诀、"趣"字诀，还有一个"选"字诀。

四、洪叶羊绒之"选"字诀

洪叶羊绒在 2020 年全年营收超过千万元，单个晚上直播卖货超过 40 万元，成为抖音客单价最高的服装账号之一。

我曾想过，如果让我经营一个羊绒服装品牌，我会与我的用户在私域里每天聊什么呢？感觉除了羊绒衫保养小窍门，没有其他可以聊的内容。

进入洪叶羊绒的抖音企业号，我才豁然发现，是懒惰限制了自己的想象力。

洪叶羊绒的创始人洪陵只用一个"选"字诀，就玩出一片新天地。

纯羊绒的体验到底是什么感觉、双面羊绒是什么东西、如何辨别缝线质量、怎样的羊绒裤才不会"勾裆"、膝盖鼓包有什么好办法、外贸尾单分几种、奢侈品大牌剪标产品是真是假、羊绒服装标签怎么看、进口羊绒与国产羊绒哪种更好等。

这样一说，相信各位朋友的感觉应该与我当初接触这个案例时一样，这不正是用户最关注、最需要的吗？尤其对于那些在材质、工艺与设计方面要求比较高的高端用户们。

五、王老吉之"吉"字诀

王老吉别开生面地玩出一个"吉"字诀。

"苏老吉""彭老吉""马老吉""叶老吉""谢老吉""陈老吉"……

这不是无厘头的假冒，而是王老吉在 2021 年春节期间推出的姓氏罐。

这仅仅是开始。

"新婚大吉""乔迁大吉""开单大吉""开工大吉""开张大吉""升职大吉""高考大吉"……这是王老吉正在推出的"吉"字定制罐。

仔细一想，这个创意很好。但是，与造内容有什么关系呢？

更妙的是，因为吉字罐很应景，又有心意，所以，用户在各种各样的吉利日子里、吉利场景中，会自然而然地把它发布在当天的朋友圈中。

这正是最好的 UGC。

王老吉就是这样用"吉"字诀，谱写了"无中生有"的新篇章。

这里提到了 UGC，尽管大家从微博时代开始就已经熟悉了它，但是，鉴于它在造内容这个模块里的特殊地位，我们还是有必要叙述一下。

源源不断获得 UGC 是一件运营难度很大的事，如果成功，则 UGC 就是一个高产的内容来源，对于帮助品牌商逃离内容创作灵感枯竭的窘境，贡献巨大。

更重要的是，UGC 内容表达的是用户个人的兴趣偏好、使用体验、测评分析与经验总结，核心点是"真"，"真"更能获得用户的理解和信任。相比较而言，品牌商制造的 PGC 尽管在创意上、制作上都能够做到质量更高，甚至高出很多，但是在用户眼里难免有"王婆卖瓜，自卖自夸"的感觉。

潮服潮鞋行业、美妆行业、保健医疗行业、母婴行业、个人理财行业、旅游行业、教育培训行业，对于 UGC 这个"真"字诀的应用颇有心得，比如，邀请大量 KOC 在体验新品后发布测评，这会产生相当数量、相当优质的 UGC 内容，同时，这些颇具故事性与话题性的真实口碑，又将引发大量用户的讨论。

为了激励用户持续产出优质内容，诸多企业为此特别设立了一系列的积分体系与 KOC 的培养机制。

不仅 UGC 天生擅长"真"字诀，PGC 也能玩出一个别样的"真"字诀。前者是体验的"真"，后者是制造的"真"。

六、百果园之"真"字诀

如果我们卖水果，必须每天在私域里与用户聊些什么内容？怎么聊才能让用户持续感兴趣呢？

百果园的"真"字诀案例很值得借鉴。

2021 年 7 月，百果园通过小程序开始了产地系列直播，通过内容创新，让产品得以全方位地直观展示，消费者从直播中了解百果园每个水果的产地环境、种植故事、采收运输标准化流程、核酸检测规范、果品品种差异、储存技巧、食用场景等，从而最大化地放大商品力优势，让用户为"价值"买单，从过去看价格，单纯"点击""购买""退出应用"，转变为观看一个有笑点、有知识、有温度的真人直播，提升观众对品牌的好感度和信任感，从而形成有效的复购。

草莓、压砂瓜、车厘子等水果，通过产地直播的形式，既能以果品特写镜头突出其新鲜感，又能让用户即时观看水果的实时测评、检测流程以及安全溯源等全过程，真实的感官体验打造了一大批直播爆品，带动销售额增长。其中，草莓产地直播当日总实收提升明显，周同期总实收上涨幅度达到 78%，客单价增长超20 元。[①]

七、周大福之"真"字诀

周大福在小程序中开展行业首创的翡翠原料直播，激发了消

---

① 本案例资料与数据来自"见实"公众号的《达成私域 GMV 倍增，品牌的私域商品力成关键》一文。

费者的浓厚兴趣和积极参与。同时，通过让消费者"眼见为实"，解决了消费者在线上消费时信心不足的关键问题。

八、祥禾饽饽铺之"试"字诀

祥禾饽饽铺是《舌尖上的中国》中的热门品牌、天津非物质文化遗产，是宫廷糕点的代表品牌。祥禾饽饽铺研发中心全年推出 50～60 个新品，试吃团就是第一批尝鲜的顾客群体。

试吃团的用户吃到了别人吃不到的东西，会有一种优越感，会自发生产各种内容。为了增强产品与内容的文化属性和趣味性，祥禾饽饽铺还给他们配套了一些周边，甚至有专属的令牌。

九、Vivo 之"测"字诀

Vivo 邀请科技、摄影、旅游、时尚领域的 2500 多位 KOL，在视频号里发布了 3000 多条相关短视频，对新款手机进行开箱测评，生动全面地展示产品功能。

以上内容对无中生有的各种做法进行了罗列，实际上，我们可以创造的无中生有的"字诀"远远不止这些。为什么？因为可以挖掘的用户需求点十分丰富。上面的 8 个字诀——新字诀、神字诀、趣字诀、选字诀、吉字诀、真字诀、试字诀、测字诀，其本质正是抓住用户需要或喜欢新产品、神奇的东西、有趣的事情、选购攻略、仪式感、真实的背景故事、达人测评报告和尝试新体验的永恒规律。

其实，除了不断创新的玩法，还有一些经典的制造内容的玩法由来已久，永不过时，且不限行业，哪怕是话题强度比较低的行业，也一样可以做得好。这些玩法包括但不限于明星营销、IP营销、综艺与电视剧植入营销、公关事件营销、跨界营销等传统营销手法。

2020年，元气森林一整年中合作了《我们的乐队》《运动吧少年》《青春在大地》《出手吧，兄弟！》《元气满满的哥哥》《我是大医生》《小大夫》等六部综艺节目和一部电视剧，2020年年底更是冠名了哔哩哔哩网站的跨年晚会。这些顶流IP是生产内容的超级原料，让元气森林收获了许多年轻人的注意力。

三顿半和小仙炖分别推出的"返航计划"和空瓶回收计划，也是事件营销的典范，催生了大量的UGC内容与口碑裂变。

绫致不断与先锋艺术家、潮流品牌进行联名合作，在打造ONLY×Jeremy Scott、ONLY×快看漫画等口碑销量双赢的产品的同时，创作了形式丰富、独一无二的内容。事实上，这些内容也成为绫致全国几万名导购在私域里与用户互动时用的"重型糖果"。

以上这些传统营销手法，可谓是经典的"无中生有"，能够在短时间里催生出大量海报、图文、小视频、长视频，创造各种话题、互动，从而进一步激发 UGC 内容的大量生产。当然，这些营销手法也有缺点，那就是往往需要一定的甚至不少的预算。

不过，同样是需要花费一笔预算，从生产内容的角度来看，以上所述的各种营销手法都比硬广投放更有优势。

硬广很"硬"，"硬"到无法产出内容。所以，硬广的不断"没落"，是时代所趋。

当然，更新鲜更有创意的"字诀"，永远在路上。无论创意、创新有多难，那些对造内容持有执念的品牌商，总是会不断地创造惊喜与奇迹。

换句话说，"无中生有"这门功夫的不断精进也是"永无止境"的。

但是，"无中生有"有一个重要的前提，那就是企业必须改掉"眼高手低"的毛病，并采用"人海战术"。

人海战术

当内容运营人员把创作内容给老板看时，往往得到的反馈是

"还不错，还可以更好""无感，没有创意，没有洞察"。

然后，运营人员不断地修改，以求精益求精，最后，依然没有得到由衷的肯定。

老板的欣赏能力与眼界普遍比较高，所以，给出的反馈与评价也是合情合理的。

但是，很多老板对于内容运营的团队建设、年度预算和组织资源匹配，以及内容创作人才的薪资，往往投入的费用不够多。

眼界高，其实没毛病，可以让运营人员永远对内容创作保持一颗匠心；投入少，则是个比较大的问题。

投入少，意味着企业并没有把造内容这件事真正作为战略重点之一或者运营重心之一来布局。

造内容，事关重大，且永无止境，有时还必须无中生有。这就要求企业的负责人必须改掉"眼高手低"的毛病。

要学会用"人海战术"。

为什么要用"人海战术"呢？

过去，市场部负责各种策划活动，一个人也能干，几个人更没问题，几十个人就是超豪华阵容了，同时，再找一些广告策划人员、公关策划人员，一年做一支或几支广告、几次植入、几次事件营销，就会很充实。

现在，每天都要生产几个、十几个甚至几十个内容。因为私域里必须生产内容，不能投广告；因为内容必须是新鲜的，重复曝光的内容相当于广告；因为内容必须是个性化的，哪怕不是千人千面，也要是分人群的。

联想曾为了一次直播活动的推广，在 5 天筹备期里共计输出 96 份传播素材，其中包括图文海报 73 张，长图两页，公众号软文 3 篇，短视频 19 条。

百果园为了做好社群运营，不仅做到了内容推送"天天不重样"，还做到了"时时内容不重样"。上午，群内进行门店到货通知、当日活动与爆品推荐；下午，进行下午茶与套餐推荐，并在午间玩儿小游戏；晚上，进行折扣商品推荐与特惠提醒，同时推送晚报信息。

创作内容量大并不意味着创作质量可以下降，其实，恰好相反。

无论是户外广告、电台广告，还是电视广告，其核心逻辑都是"强迫用户被动接收信息"；内容则不同，在任何私域里，用户对点击、阅读、点赞、收藏、评论、转发等动作都拥有绝对的主动权。所以，内容对创意的要求比较高。

为了持续造出有吸引力的内容，创作者必须在创意上不断追求超越与创新、不断追求"无中生有"。

所以，只有一个解决之道——"人海战术"。

企业的总部要有一支很大的内容生产团队，对于大中型企业来说，需要几十人甚至上百人，如果有合作伙伴，合作伙伴也必须有一支较大的内容生产团队；要动员每个导购员，至少是相当一部分有能力的导购员，让他们成为内容制造团队的一员，成为微型内容和自播内容的核心创作者；还要发动一部分的核心用户，帮助他们成为高产内容的 KOC。

总之，无论是为了破解造内容之"永无止境"症，还是为了将"无中生有"做得更好更持久，都必须采用"人海战术"。

用"人海"这个词也许有些夸张，但相比传统广告时代生产内容的用人模式，私域造内容所需的创作者规模的确是上了不止一个量级。

得品类者得内容

世界上的物种是多样的，商业界中存在的情况也是多样的。

有的行业，因为在话题丰富度上有先天"缺陷"，只能在造内容时苦练"无中生有"之功。

也有一些行业，因为在商品丰富度上是"天之骄子"，在造内容方面被赋予了取之不竭、用之不尽的宝藏。

当然，即使是"天之骄子"，拥有宝藏无数，在"采矿炼金"的过程中也必须采用"人海战术"。

"内容需求强度"不仅取决于行业的"话题丰富度"，还取决于企业经营的"商品丰富度"。

那么，谁是商品丰富度之王呢？没错，正是品类商这个角色。

品类商是指什么呢？

相对于品牌商，平台型零售商都是品类商。天猫、京东这样的零售商是经营全品类的超级品类商，大润发、永辉超市、全家便利店等都是经营很多品类的品类商，万达、爱琴海、银泰、大悦城等 shopping mall 也是拥有很多品类商品和服务的品类商，红星美凯龙、孩子王、丝芙兰、宝岛眼镜等零售商是经营某个大品类的垂直品类商。

此外，那些聚焦某一品类的、商品品种足够丰富的、自产自营的品牌型零售商，既是品牌商，又具备品类商的属性。比如品牌蛋糕店（如幸福西饼、面包新语、21cake等）、品牌零食店（如来伊份、良品铺子等）、品牌体育用品店（如迪卡侬）、品牌家居店（如无印良品、宜家等）、大型品牌服装店（如李宁）、品牌水果店（如百果园），也都具有品类商的属性。

无论哪个行业的品类商，都拥有种类丰富的商品，从而，拥有较高的"内容需求强度"。

对任何一个品类商或具备品类商属性的品牌商来说，哪怕消费者对其经营的每一类商品的内容需求强度很低，但由于"内容需求强度"具有累加效应，所以，品类商所有商品的"内容需求强度"可以累加在一起，其总值远超其他品牌商。

下面看一些实例。

红星美凯龙与大部分家装消费者在整个家装期间有聊不完的话题，聊完门窗，聊橱柜，聊完地暖，聊地板，聊完卫浴，聊沙发和床，还有灯和装饰画。不仅聊家居商品，还聊家装设计、施工避坑、软装搭配；不仅有选购攻略，还有活动预告、直播互动、尖货推荐、"爆款"预订、专享套餐等；不仅有节庆全场促销活动，还有每个品类的品类节、每个品牌的品牌日等；而这些都是消费者的普遍刚需内容。

"住在芝士蛋糕般的家是一种怎样的体验？请让我沉醉在这一抹奶香里……"

"一分钟看懂五大采暖方式的优劣，看看你的家装选对了没有。"

"集成灶适合中国家庭吗？内行人告诉你！"

"智能门锁到底好不好？记住这五点，保证你挑到好锁！"

"这才是真正的地中海风格！别再盲目跟风'白＋蓝'了。"

"想要跟风无主灯设计吗？不注意这四点，效果还不如吸顶灯！"

"华帝集智烹饪中心全系上市，烟机＋灶具＋洗碗机＋热水器只要 18599 元！你心动了吗？"

可以想象，与上面的景象形成鲜明对比的是：任何一个入驻红星美凯龙的商家，无论它是哪个地板品牌、地暖品牌、卫浴品牌、灯具品牌、床垫品牌、沙发品牌等，其能够与用户互动的内容、周期，都比红星美凯龙与用户互动的内容少、周期短。

再看看 Costco，周一聊"帅哥的秋天的第一份穿搭图册"，周二聊"让料理轻而易举的神奇厨房"，周三聊"平安银行与 Costco 的联名卡与邀新礼"，周四聊"网红流心月饼"，周五聊"'珍品黑鳕鱼＋饱满大扇贝'七夕双人餐"，周六聊"高性价比的巧克力季"，周日聊"直面秋季干燥的滋润妙方"，每篇都很精彩。

可以想象，如果不是 Costco 与用户互动，而是换成湾仔码头、味全、元气森林、脉动、百岁山、贝纳颂、绿箭、天喔、青岛啤酒、百威啤酒、芝华士、德芙、得宝纸品、李施德林漱口水、黑人牙膏、潘婷、曼秀雷敦、南孚电池、公牛、品胜等品牌商中的任何一个，则每天与用户互动的话题就显得单调、乏味多了。

良品铺子与用户互动的话题如下：

> "嘟……刘涛来电，新品上线，发20万元尝鲜券。"
> "炭烤零食、滋滋流汁。"
> "限领20袋，@懒床人：速领营养新早餐。"
> "惊爆！1元吃脆冬枣！"
> "'双十一'玩味嗨趴送888元免费零食。"
> "年度零食排行榜揭晓。"
> "乘风破辣的肉肉团来袭。"
> "身材控的零食特辑。"

可以想象，如果是恰恰瓜子、正林瓜子、三胖蛋瓜子，或者立丰牛肉干、科尔沁牛肉干、母亲牛肉干等在各自的私域里与用户互动，可以聊的话题除了瓜子还是瓜子，除了牛肉干还是牛肉干。没有悬念，三下五除二，聊天就结束了。

迪卡侬与用户互动的话题如下:

> "酷炫的街舞潮服,穿它,谁敢说落后?"
>
> "全新智能跑步机到底有多好?"
>
> "在初秋徒步时,一件舒适好穿还防水的夹克到底让人有多心动?"
>
> "轻松调,助长高,助孩子解锁从零到高阶的花式跳绳。"
>
> "贴身保暖又透气,它帮你积蓄能量,驰骋雪场!"
>
> "春节在家玩什么?让易收纳、不占地的台球桌来搞定!"

对于不爱动弹的你,似乎每一项运动都充满了莫名的诱惑,有没有?

根据以上举例可知,品类商与品牌商因为在"内容丰富度"这方面差异很大,所以,"造内容"的能力有天壤之别。

得内容者得私域。

幸运的是,在大多数场景里,品类商与品牌商并不是直接的竞争关系,而是相互依存的关系。所以,品类商在造内容上天赋异禀,且不会对品牌商造成直接的威胁。

对于那些兼具品牌商与品类商属性的企业,它们会与仅具备品牌商属性的同行企业，在私域这个战场及由此关联到的整个商战中发生怎样别开生面的博弈，我们可以从自己的视角去想象。

第四节　造场景之头狼原则

头狼原则，是专治造场景之"能不配位"症的。

造场景，实现的是私域用户服务的即时性、主动性、持续性。

造场景，是指在线上运营与用户互动的、长在各大平台上的各种私域。

造场景在四个"造"中是最难的，为什么？因为有可能产生"能不配位"的"重症"，如图3-6所示。

（1）带头的"能不配位"。

（2）管事的"能不配位"。

（3）干活的"能不配位"。

图 3-6

带头的"能不配位"

造场景的最大挑战并不在专业上。专业上的差距，可以通过努力来逐渐补齐。比如，如何运营社群、如何运营企业微信、如何运营抖音企业号、如何进行直播、如何拉新促活等，虽然学无止境，但也一定学有所成。

造场景的最大挑战之一是资源整合。

以运营社群为例，运营团队需要为一次次促销、一个个爆款、一场场直播、一波波落地活动等，向市场部同事、BD 部同事、电商运营部同事、门店运营部同事、供应链部同事、研发部同事、IT 部同事，甚至物流部同事等，争取各种协同配合以整合各种资源。

说到这里，一定会勾起很多朋友的痛苦记忆。

比如，"互联网是去中心化的，互联网的组织协作方式更是去中心化的，所以，我们的负责私域运营管理模式的部门要作为企业数字化变革的先锋，带头实践去中心化的组织协作模式，实现组织自动化。为了使目标早日实现，我会放手交给年轻人做。"一位老板慷慨激昂地在私域运营启动会上说。

再比如，"这件事，就全权由你负责，你们团队总牵头。"一位董事长拍着市场部负责人的肩膀，充满信任地说。

接着，这位董事长又特意对全公司各个主要部门、全国各大主要区域的主管们叮嘱："大家务必全力以赴配合市场部，一起做好私域，做好用户运营。这是头等大事。"

这是一些董事长或CEO应对私域用户运营的标准做法，他们也自认为眼光超前，与时俱进，且擅于授权。

销售与供应链团队的人员的抱怨越来越多，甚至公开唱反调，比如他们会说："做了这么长时间的私域，没产生多少销售增量，倒是把所有部门折腾得很累。我们这种交易低频行业，天生谈不上复购，还做什么私域？"

"其他部门说的也不是全无道理。没有产出，就不可能持续投入，至少不能大投入，公司承受不起。所以，精兵简政吧。不再招新员工了，老员工多分担一些，一人多岗也能促进人才的快速成长。对区域团队的要求少一点，指标调低一点。"一位董事长语重心长地说，很明显，他的期望值与支持力度不断同步下调。

对于大多数企业来说，私域运营团队的负责人并不是公司"德高望重"的高层领导，所以，想真正有效、充分、持续地横向或纵向调动企业的人力、财力资源，尤其是调动人力资源，几乎是不可能的。

这才是许多企业对私域运营这个"瓷器活"始终做不好的底层原因。

那个"金刚钻"不是空降的互联网能人，不是企业里的哪一个明星高管，不是哪一个行动力强的团队，也不是一份诚意十足的绩效激励计划，更不是一场场集体上台宣誓的动员大会，而是老板本人。

为什么呢？

做私域，为什么一定需要董事长、CEO 亲自上阵呢？

首先，是因为"活重"。

如果想做好私域，让私域运营能力成为企业所具备的一项扎实的基本功，甚至成为一把代表企业核心竞争力的"利剑"，那么，一件件重活必须拿得起来、放得下去才行。比如，整合大运营体系；革新绩效评估与薪酬晋升体系；设计专项指标与奖惩机制；平衡集团与地方的关系；平衡各个品牌事业部之间的关系；解决线上与线下的价格矛盾；解决线上与线下的利益冲突；解决传统电商与私域运营的利益冲突；协调运营团队与产品技术团队的各自为重；平定加盟商与经销商的"不抵抗运动"。

此等重活，谁能决策？谁能做好？必须是老板。

更重要的，是因为"人杂"。

之所以需要老板亲自上阵，很大程度上，是因为发展私域不仅是营销部门的事，还牵扯到整个公司的运营体系。

从传统广告升级为论坛口碑传播、微博营销、微信营销，乃至抖音营销、小红书"种草"、直播营销等，对于任何一家企业来说，这些事不都是营销策划部门在做吗？销售部门也基本不参与，最多是简单协同，至于生产、研发、门店运营等业务部门更是局外人。

做私域运营，对用户在私域里进行个性化服务，呈现的是另外一番景象。研发、生产、销售、服务、门店运营等各个部门必须团结起来，必须各自领任务、天天打卡，必须高度、深度协同作战，而且，需要在过程中不断磨合协同模式、不断迭代分工机制，各部门之间的任务边界可能始终不够清晰，但必须始终持续不断地变化。否则，私域运营只是纸上谈兵。

因此，大概率地做私域运营，短时间内绩效不明显，且无法简单认定问题主要出在哪一环节、哪一部门，即使能够认定，也很少有人承认。于是，"大锅饭"心理滋生，没有人愿意出力，没有人愿意担责。主要责任部门缺少商品定价权、商品选品自主权、终端导购管理权、绩效制定权、薪酬改革权、人事权，等等，要想获得通关，必须天天"拜码头"；主要责任部门也缺少整合公司各个板块的流量资源、内容资源与商品资源的能力，以及缺少调动各横向、纵向团队人力的权利，要想获得支持，更要天天"化缘"。于是，主要责任部门屡入绝境，叫天天不应，叫地地不灵。"无力感""无助感"是普遍常态。

内部推动尚且如此，外部联动更加艰难。对于电器、家居等一些行业，由于经销商门店占比较大，甚至高达 90%，所以，带动经销商一起全面参与私域，则成为一项具有挑战性和决定性的繁重工作。

从上述问题中可见一斑，私域运营不能与往日常见的各种升级项目相提并论。没有董事长、CEO、COO 的带领，做不好。

确实一些企业领导人没有看清楚这其中的不同之处，总是用

"老观念"对待，让营销策划部门或其他某个部门牵头做，或将团队完全独立出来，到最后都做不好。如此，私域运营的项目就会自生自灭，或者长时间不温不火地耗着。

怎么办呢？

做私域运营，必须自上而下。很多企业搞反了。

一家企业做私域运营必须由董事长、CEO 至少 COO 统领，或者是某一个"德高望重"的领导，全面统领各个业务部门，开展私域运营。而实现这一点的前提是领导对私域运营这件事绝对笃定，且充分认清其价值、本质和核心路径。然后，他们用各种手段确立私域项目在公司中的战略优先级，让所有人明白这是非干不可、必须拿下的项目；同时，他们用各种手段确立有效的跨部门资源协调机制与利益分配方案，且持续变化、迭代。从此，领导人就要躬身入局，两手沾泥，历尽磨难，勇往直前。

即便如此，过程也依然艰辛。越是发展成熟的大型企业，经过升级转型的过程越痛苦、越辛苦。

管事的"能不配位"

要想真正做好某一个私域的运营，无论是社群、小程序商城、服务号、订阅号、企业微信、视频号、抖音企业号，还是小红书品牌号、天猫的商家会员体系等，私域运营人员都必须掌握十八般武艺，至少团队负责人必须做到真懂，甚至精通。

传统运营中的研发、制造、企划、销售、客服、物流等业务模块，都得熟；私域运营中的用户运营、活动运营、内容运营、商品运营、商城运营，都得通；学习能力、培训能力、用户洞察能力、聊天沟通能力、策划创意能力、数据分析能力、协调组织能力、团队管理能力，都得强。

所以，管事的能力不配位，不行。

那怎么做呢？

"头狼"很重要。"头狼"要花精力去外部挖人、内部挖掘人才，更要花精力带头学习，激励各级各路管理层与全员一起学习。

没有捷径可走。

干活的"能不配位"

在私域的用户服务中，最极致的服务就是一对一了。想做到一对一，只能是"人海战术"，而这个"海"远大于内容团队之"海"。

哪怕是机器人能用上，且越来越管用，在可预见的时间里，都不会对上面的结论产生实质性的影响。

即便不是一对一，一个个社群的运营也需要一个五脏俱全的团队，有时一个团队不止负责一个群，从总数上来看，运营团队的整体规模依然在各个业务模块中名列前茅，大概率还会稳居第一。

现实中，一家企业往往在多个平台上建设私域，每个平台还会有不同的私域场景，微信生态就是典型。由于每个平台的玩法不同，每个场景的属性不同，客观上造成各个私域场景无法统一运营的事实。这也是一家企业整体私域团队人数规模不小的重要原因之一。

其实，还有一个重要原因，私域运营面向用户，必须天天在线，甚至是 24 小时在线，所以，总体人工量必然可观。

对于很多行业、很多企业来说，私域运营团队中在一线作战的核心力量是导购员，甚至有时动辄几千名导购员。

导购员不仅要兼顾线下门店卖货，还要学习各种线上运营的技能，以及适应线上运营知识与工具快速迭代的节奏，这对导购员的学习意愿、学习能力都是很大的考验。

同样是服务用户，是在线上还是在线下，对导购员提出的素质与能力的要求，其实区别很大。在线下服务用户，导购员可以为用户做口头介绍、做标准的产品演示，让用户品尝或试穿、试用等；在线上服务用户，导购员需要利用一定的文字功底，把线下用户的体验用文字表达出来，当然，可以辅助语音或视频。如果是直播，导购员还需要学会在镜头面前如何讲话才更有感染力，如何控制节奏，怎么使用灯光，怎么让产品更好看。这些其实是差别迥异的两种能力。

此外，在线下服务用户与在线上服务用户之间，还有一个显著区别：在线下，用户是用脚移步的；在线上，用户是用手指刷屏的。两者在用户的转换成本与转换速度上的天壤之别，造成了导购员在线上和线下留住用户的能力不在一个层级上。

现实中，只有很少一部分导购员能够主动应变、快速学习、不断进步，从而卓有成效；绝大部分导购员必须坚持不懈地通过强培训、强考核、强激励与强赋能，才能被充分点燃。

所以，要想把导购员们锻造成一个卓越的私域运营一线作战团队，就必须从公司的绩效管理、激励制度、培训体系、供应链资源等方面"下重手"，这样才能"撬得动""跑得快""长得久"。

此处，"头狼"必须躬身入局，调动各种资源，改革各个相关环节与要素，从而才能让这个少则几千名、多则几十万名"一线战士"的运营团队获得新生。

下面，通过 5 个不同行业的案例，进一步体会锻造一线运营团队的艰难性与规律性。

一、快鱼给导购员的"三根萝卜"

快鱼新零售负责人孙静曾分享过一套"硬功夫"。

"快鱼作为一家拥有万名导购员的快时尚品牌，面对 4400 万的会员体量，如果直接运营用户，很容易出现参差不齐的情况。因此，我们赋能导购员，迅速跑通了一套私域运营的方法论。"

比如，将私域运营方法提炼成"3+3+3"的机制，即导购每天发 3 次朋友圈、与 3 个顾客私聊、往 3 个群里发消息，发布的内容不一定都与产品相关，也可以是一些体贴的问候等。

从 2020 年 7 月开始，快鱼推行强 KPI 制度，要求每个店每个月必须加 800 名用户到私域流量池中（现在，这个 KPI 制度也被复用在企业微信上，比如快鱼的企业微信在 2021 年 4 月添加了188 万名用户）。在这种强 KPI 制度下，导购员只有奖励没有惩罚，通过利益引导门店导购员做会员服务。

在 2020 年设定目标以后，导购员在私域里可以获得 3 份新增收入。

一是微商城商品分销。每销售一款产品都有佣金，有些优秀导购员在活动期间，一天能获得 1000 元佣金。

二是在微商城的业绩。这部分业绩同时计算到导购员的线下总业绩中，在业绩达标情况下，可以额外拿到一部分提成。

三是私域流量池的沉淀，导购员达到加好友数的目标后，会有额外 500～1500 元的奖金。这 3 份新收入甚至能让一些优秀导购员一个月增加 3000～4000 元的收入。[①]

二、衣恋给导购的三大系统

衣恋集团新零售负责人张浩然在 2020 年 11 月 20 日的上海零售私域峰会中分享的衣恋集团的做法，值得我们研究学习。

以导购为中心，衣恋集团通过三大系统（会员系统、分销系统、小程序商城系统）的整体连接，以及几大业务模块（集团商城、直播、社群、企业微信等）的引流，去辅助导购员运营、服务集团会员。

在三大系统中，分销系统主要是跟踪和核算导购员的业绩，保证导购员的利益；小程序商城系统主要是保证货品供应，助力导购员；而会员系统保证流量输入，为导购员不断输送新客。[②]

[①]　本案例资料与数据来自"见实"公众号的《会员服务、品牌溢价：美素佳儿和快鱼如何正确打开私域？》一文。

[②]　本案例资料与数据来自"见实"公众号的《小程序商城 GMV 达 3 亿，单月会员复购率 56%，衣恋的私域打法可参考！》一文。

三、波司登给导购的三项赋能

波司登的做法也很不错，波司登构建了一个强大的后端，可以让前端更好更轻量级地去执行任务。

首先，波司登用一个强大的内容中台，把所有事业部产生的各种内容素材，包括品牌的、产品的等都集中在一起，进行个性化精选并推荐给导购员。当然，导购员也能在平台上自选。然后，把通过数据中台形成的导购所需的用户画像，实时传递给导购员。而导购员也可以在后台实时查看与用户互动后的各种结果数据，比如浏览量、停留时长、收藏量、转发量、下单情况等，还可以看到用户详细的互动轨迹。这样，导购员在和用户沟通时，可以有根据地决定是否需要详细讲解、需要提供什么服务。

其次，波司登在搭建小程序商城时实现了千店千面，也就是每家实体店都对应一个线上的小程序商城。这让导购员除了线下销售收入，还额外获得线上销售的提成。

一般晚上 10 点到第二天上午 10 点，是线下闭店的时间，也是导购员发朋友圈、发推文，进行用户服务的时间。一年中，这个时间段的销售占比达到了 11%。

另外，波司登在黄金销售期 11 月、12 月，连续举行开单比拼赛和总金额排位赛。通过每天晒排行榜，来充分调动各零售公司导购员的积极性。其中，业绩最好的一个导购员在小程序商城的销售业绩，一个月达到了 10 万元。

当导购员感觉自己不是在做总部布置的任务，而是总部在为他们获取、跟进和服务一条商业线索或一位潜客时，导购员就会发自内心地感激总部的赋能，发自内心地积极主动起来。①

四、爱居兔给导购的三大支撑

爱居兔的实践也值得大家学习。爱居兔终端零售运营总监易美玲女士在 2021 年 9 月底的腾讯智慧零售学堂的"私域实战派——大咖私享课"上，通过直播分享了她的"独门心法"。

她说："在爱居兔看来，私域运营的本质是与顾客的连接，而门店导购正是连接顾客的重要'捕手'。"

为了充分激发门店 4000 名导购员的潜能，最大限度地支撑每一位导购发挥潜能，爱居兔做了三件事。

（1）让导购员的每份努力都有明确的收益。

爱居兔在小程序平台开发之初，就在平台开发的底层逻辑设

---

① 本案例资料与数据来自"见实"公众号的《波司登：私域运营中的后端系统就像一个决策大脑！》一文。

计中重点考量了业绩的归属问题。通过打通线上线下会员权益、线上线下货品折扣与库存、线上线下导购业绩（导购员在线上实现的业绩与线下业绩不分伯仲，一律同等对待），彻底解决了导致导购员驱动力不足的三大障碍，为私域的成功运营奠定了最重要的基石。

同时，爱居兔设定颗粒度到每家门店的线上考核指标，每天发布销售 TOP100 的红榜，每周发布全国门店完成率排名，每月对指标完成者与指标未完成者进行公布和奖罚。

线上线下打通，消除内部阻力，是为"破"；赏罚并举，激发内生动力，是为"立"。一破一立之间，爱居兔导购团队的组织力得到了显著提高。

（2）让导购员的每个动作都有专业支撑。

爱居兔总部给予门店团队持续不断的专业培训，并组织各团队之间持续不断地进行最佳实践经验分享。

（3）让导购员的每次服务都有充足资源。

爱居兔总部持续不断地向门店团队输送各种内容素材，并着力打造线上专供款，通过更低的销售价格及柔性供应链将当季最新的流行款呈献给用户，以及把每家线下门店的线上私域商城打造成一个超级旗舰店，上架商品数量远超线下门店出样商品数量，为用户在私域里提供更加丰富多元的选择。

有了这三大支撑，爱居兔导购团队展现了惊人的战斗力。2020年，爱居兔的小程序商城GMV高达2.4亿元，而配套客服不到10人，靠的正是线下的4000多名优秀导购为用户在线上私域里提供全面优质的售前服务、售后服务。

目前，爱居兔通过门店导购代下单的比例超过20%，代解决售后问题的比例超过60%，同时退货比例只有20%左右。[1]

五、相宜本草的连环大招

相宜本草的两个连环大招简单、高效。

（1）通过在朋友圈发布广告，为导购员引入新用户，即在广告落地页引导用户一键添加企业微信号。

（2）所有绑定企业微信的用户，在私域里下单有九折优惠，且之后在私域里的每一次消费，导购员都会分得一笔可观的提成——20%的佣金。

---

[1] 本案例资料与数据来自"见实"公众号的《小程序销售占比近20%，揭秘爱居兔高效私域运营的"独门心法"》一文。

两个大招一出，导购员们纷纷华丽转身，晋级为 KOC，甚至 KOL，为品牌、为自己的用户尽心尽力地做好一切可能的服务。

第五节　造工具之匠心精神

这个匠心精神，是专治造工具之"粗制滥造"症的。

很多时候，私域运营费时、费力、绩效差，不是"技不如人"，而是"器不如人"。

造工具，是指造各种私域运营工具，解决的是"造画像""造内容""造场景"的效率问题。

关于如何具体"造工具"，《流量制造》一书中对四大类十大工具有过详细介绍，这里不再赘述，下面集中说一说我们在造工具的过程中经常遭遇、祸害较大，同时又比较隐蔽的那些"坑"。

很多传统企业，"无心"造工具。

互联网企业非常重视产品，传统企业也非常重视产品，但是，传统企业很少真正重视自己的互联网产品——私域运营工具。而所有的私域运营工具，其本质都是一种 To C 的互联网产品，特别需要一颗匠心，才能实现永无止境地不断迭代。

运营工具的安全性、兼容性、稳定性伴随各种因素与需求的变化，常变常新；操作体验的流畅度、常用功能的完善度、数据追踪的精准度，甚至视觉感受的优美度，都需要根据 C 端用户的需求不断升级，永无止境。

比如，首页最下方的"每日必看"按钮要不要改成"猜你喜欢"，弹出的浮层上面要不要加上企业微信的二维码，留资预约页面上要不要增加客服悬浮窗，在详情页上加入充值人数并实时显示会不会更好，领券页面要不要采用"千人千券"等。

再比如，即使一个小程序的"加购"工具，也具有无限的升级空间，也能够通过一个微小的创新，给用户带去堪称惊艳的体验。当用户在麦当劳小程序上加购了一份麦辣鸡腿堡时，会看到麦辣鸡腿堡飞起来，并划出一道抛物线，然后掉进购物袋里，甚至用户可以看到那份麦辣鸡腿堡掉落的重力效果。

很多传统企业，"无人"造工具。

造工具的人才是私域运营团队中不可或缺的，甚至是起决定性作用的"特种兵"。

尽管市场上已有从 IASS、PASS 到 SASS 的各种各样的数字化运营工具，但是，无论是从定制化需求出发，还是从安全性需求考虑，以及为了整合不同公域与私域场景里的用户交互数据，每一个致力于实现高效私域运营的企业，都需要一个内部研发团队，才能够持续迭代出一个完整的、更适合自身行业特点与运营模式的、更高效、更稳定、更能快速反应的私域运营工具系统。

然而，传统企业对 To C 的互联网产品研发普遍陌生，要么没有互联网产品研发人才，要么其研发人才仅仅拥有丰富的 To E 的互联网产品研发经验，即企业信息化的相关经验，而对 To C 的产品往往理解不深，也不熟悉，且难以避免思维惯性，难以从"To E"向"To C"切换频道。

事实上，由于传统企业缺乏"To E、To B 又 To C"的复合型人才。所以，在造工具这个模块上，一些企业经常采取的用人策略是委任原本负责企业信息化的团队兼职"造工具"。

这样做，作为权宜之计无可厚非，但是，绝非长久之计。

对此，我能够分享的个人经验就是：企业必须从战略上重视"造工具"这件事，并且对其中的专业性抱有足够的敬畏之心，尽早地、尽可能地引进 To C 的专业人才，逐步完善团队。

将欲取之

必先与之

品 类 商 的 高 光 时 刻

成功运营私域的产品组合策略，不是聚焦，而是矩阵。不是所有的企业都是品类商，但是，所有的品牌商企业都有机会拥有一定的品类商属性。所以，本章内容并不是只与品类商密切相关，恰恰相反，还使品牌商对品类商属性与私域运营的特别关联，有一个清晰而透彻的理解。

在私域特供的用户服务中，有一种服务是品类服务，包括品类导购服务、品类促销服务和品类细分服务，如图4-1所示。这三项服务对于绝大多数用户都是刚需，且无论这三项服务中的哪一项，都只有品类商有能力提供。

所以，在私域这件事上，品类商和所有具备品类商属性的品牌商，迎来了历史性的高光时刻。这既是开创第二增长曲线的机会，又是生死竞速的挑战。

　　所有品类商都有这个历史性机遇，所以，先干成的人对后进者一定会毫不犹豫地施以降维打击。这是巨大的"机"中必然蕴含的同样体量的"危"。

图 4-1

　　下面一起进行更细致的拆解。

第一节　品类商的定义

谁是品类商？

这个定义在第三章中介绍过，但是，考虑到有些读者的跳跃式阅读习惯，以及本章内容的独立完整性，这里再赘述一遍。品类商是我生造的一个概念，对于品牌商来说，平台型零售商都是品类商。各行业的品类商如图 4-2 所示。

图 4-2

天猫、京东这一类型的零售商是经营全品类的超级品类商，大润发、永辉超市、全家便利商店等大卖场和超市都是经营多品类的品类商，万达、爱琴海、银泰、大悦城等购物中心也是拥有多品类商品和服务的品类商，红星美凯龙、孩子王、丝芙兰、宝岛眼镜等零售商是经营某个大品类的垂直品类商。

此外，更值得关注的是那些聚焦某一品类的、商品品种足够丰富的品牌商，比如元气森林、钟薛高、西贝、爱婴岛、宝宝馋了、瑞幸咖啡、幸福西饼、良品铺子、三只松鼠、华为、小米、海尔、美的、迪卡侬、李宁、红双喜、无印良品、宜家、利郎、百果园等，这些品牌商也都具有一定的品类商属性。

品类商在私域运营这件事上天赋异禀。一方面，他们具有六大基因：用户多、数据多、货品多、活动多、导购多、品牌强，从而在"四造"能力上相比品牌商有着绝对优势；另一方面，品类商还拥有三项绝活——品类导购服务、品类促销服务与品类细分服务。

第二节　品类导购服务

人的头脑对事物观察的方式，遵循着认知心理学中的格式塔原理——先整体后局部。所以，从在人类有限的认知容量中占有一席之地的角度来看，往往是品类占尽先机。

《品类战略》一书中有如下的描述：

1956 年，美国认知心理学的先驱乔治·米勒发表研究报告《神奇的数字 7±2：我们信息加工能力的局限》。在对消费者心智做了大量实验研究之后，米勒发现：心智处理信息的方式是把信息归类，然后加以命名，最后储存的是这个命名而非输入信息本身。

也就是说，消费者面对成千上万的产品信息，习惯把相似的产品进行归类。消费者心智对信息的归类，我们称之为"品类"。形象地说，品类就是消费者心智中储存不同类别信息的"小格子"。

《品类十三律》一书中这样写道："一切传播的修饰，都没有品类凝聚的商品力量来得汹涌澎湃。品类之所以具有这种商品的凝聚力，主要因为它是人们内心与生俱来的，它脱胎于人的心智，它根植于文化。"

所以，在消费者为选购某个商品做决策而需要的所有信息中，与品类消费相关的导购类信息，是消费者的刚性需求。

根据对百度搜索数据的研究发现，品类词的搜索量远远多于品牌词的搜索量，比如家装行业里品类词与品牌词的搜索量比例是 9 : 1。

品类导购服务，是指为用户提供各种有助于进行品类选购的知识科普、推荐清单、榜单发布、性能评测、时尚趋势、体验分享、避坑指南、选购攻略等类型的内容。

这些内容的创意形式多种多样，包括图文、长图、漫画、互动游戏、短视频、vlog、小程序或直播等，比如：

> "如何高效命中一款合适的好猫粮？"
>
> "挑战3天不洗头，不油不塌又柔顺，9款热门洗发水评测。"
>
> "值得买编辑部拍了拍你，并扔给你一份全球11款网红方便面测评。"
>
> "这份速食囤货清单必须收藏。"
>
> "油烟机买顶吸还是侧吸？搞清这两点就可以了！"
>
> "全套地暖设备与材料选购攻略，九大技巧保你不花一分冤枉钱！"
>
> "5个步骤教你挑到好沙发，挑不到算我输！"
>
> …………

在现代社会中，随着科学技术的突飞猛进和生活水平的持续提高，我们不断尝试着消费一个自己尚未消费过的新品类，比如智能家居、VR眼镜、运动耳机、按摩椅、电动汽车、超声波电动牙刷、中高端红酒、男士护肤品、长跑鞋、家用哑铃套装、超大屏蓝光智能电视、折叠屏手机等。

在实际购买新品类之前，我们往往会先搜集这些信息：这个品类里有什么品种、分为哪些类型、哪种适合我、都是什么价位，如何挑选、有什么利弊、有哪些知名品牌、这些品牌的优点和缺点是什么、哪些品牌的口碑比较好、哪些款式的性价比高等。只有完成对这些信息的搜集、整理、消化，即完成第一步的"功课"，我们才会开始第二步——选中一个或几个意向品种、品牌、商品，然后深入了解、比较，最终做出选择并下单购买。

消费者选购商品的过程，很像在餐厅点菜的过程。通常，一群人到餐厅聚餐，首先想了解的是"菜单"，而不是"菜"。制作这份菜单的只能是品类商，品牌商做不了，品牌商做的是"菜"。

品牌之间相互竞争，没有哪一个品牌具备权威性和客观性，没有哪一个品牌能够代表整个品类发声，更不可以对其他品牌进行指责。

所以，"品类导购服务"只能由品类商独家提供，是用户在进入一个品类的消费旅程时所需要的第一服务，具有强烈的"入口效应"。

换句话说，品类商拥有的是各个品牌的潜在用户之和，且最先拥有。

第三节　品类促销服务

具有"收口效应"的是"品类促销服务"

如果品类导购是每个消费者进入品类消费旅程的起点，那么，品类促销活动往往就是消费者在对品类中的各个品牌、各款商品做完功课之后，根据促销优惠做最后比较并下单的关键节点，是为消费旅程画上第一个句号的里程碑式的高光时刻。

品类促销活动，既可以是"双十一"这样的年度全场大促，又可以以品类节的形式独立存在。比如，红星美凯龙超级床垫节、苏宁易购空调品类节、屈臣氏男士高端护肤品超级品类节等。

显然，品类促销活动也是品类商的独家服务，品牌商在此无能为力。

在用户开启一个新品类的消费旅程时，第一需求是品类导购服务，品类商在私域运营中，可以充分利用这一优势实现"入口"效应；消费者的另一刚需是品类促销活动，品类商也能够充分利用，以实现"收口"效应。

以上只是简单地叙述，下面讲的才是品类商的真正"大招"。

第四节　超级大招：品类细分服务

更妙的是，品类商不仅能为用户提供品类导购服务、品类促销服务，还能为用户创造品类，以满足其对细分品类的个性化需求。

除了惯常使用的品类定义方法，品类商还可以深度了解消费者的需求，对消费者的隐性品类需求进行挖掘，从而源源不断地定义更符合用户心智的新品类。

根据对与用户群体相关的生活方式、时尚潮流、社会热点、消费趋势等方面的敏感洞察与分析，能够发现和创造出真正对用户有强大吸引力并直击心扉的品类概念。这些品类概念并没有在市场上被广泛当作品类划分标准，甚至还没有被消费者觉察，但已经是隐藏在消费者心智中的"深深的渴望"。而往往正是这类需求对消费者购物前的信息搜索、最终的消费决策起着决定性的作用。

挖掘品类需求是一件特别重要、可以让品类导购事半功倍的事情。企业在日常营销中所做的很多工作，其本质就是在进行品类概念的挖掘、创造与推广，只是还没有从方法论的角度进行充分认知并自觉执行而已。比如一些文章的题目如下：

别找了，2019年秋季流行色穿搭指南就在这里

十二星座的葡萄酒，哪一款最适合你

超A级精品巧克力上线，都是大奖收割机般的存在

有福利，连续两年登榜全球十大美味泡面，这款网红拌面凭实力圈粉

实测：不到200元收获了一桌舟山小海鲜，满足！

草莓季到了，这是篇很甜的推送

超强测评：罗森7款超燃减脂餐，谁是今夏最佳

罗森殿堂级水饺、馄饨大赏

咬我吗？乳此美妙

新春倒计时，"鼠你最旺"必囤年货指南

如何用一场下午茶优雅地刷屏朋友圈

搓澡搓好了，感觉生命都在升华

对新手友好的10款男士中性沙龙香水推荐

100元以下价位的都有哪些好喝的白酒

百元内的10个大牌葡萄酒推荐，总有一瓶适合入门微醺世界的你

25万元落地、动力充沛的家用SUV如何选

回音壁也能很高端：5款价值万元的回音壁推荐

横跨整个冬天的测评，亲自品尝12款牛肉零食

午餐肉的世界你真的懂吗？这11款宝藏级午餐肉罐头你值得拥有

还别说，戴"复古军表"的男人真帅

写不出一手好字？盘点 25 款非主流好钢笔

主流高端床垫的选购方法与海淘攻略

破壁机十大品牌排行榜

4 款网红蓝牙耳机测评，谁的性价比更高

9 款高颜值降噪耳机，还你清净世界

大神之选：教你买到便携且音质自然的 Hi-Fi 耳机

大神之选：教你买到负重最舒适的户外背包

大神之选：教你买到缓震效果最好的跑鞋

大神之选：教你买到在不同环境下都舒适的徒步鞋

2019 年秋季流行色服装、星座葡萄酒、国际大奖巧克力、全球十大泡面、舟山小海鲜、草莓味甜品、巧克力美食、超燃减脂餐、殿堂级水饺馄饨、牛奶面包、时令年货、朋友圈下午茶、搓澡神器、男士新手沙龙香水、100 元以内好白酒、百元左右葡萄酒好品牌、25 万元左右动力见长的 SUV、高端回音壁、女人的酒、牛肉零食、复古军表、桌面音响、下饭酱、非主流好钢笔、一线护眼台灯、主流高端床垫、TOP10 破壁机、网红蓝牙耳机、高颜值降噪耳机、自然音质的便携 Hi-Fi 耳机、负重最舒适的户外背包、缓震效果最好的跑鞋、不同环境下都舒适的徒步鞋……

从平常的品类定义来说，可能没有以上这些品类。但从消费者的心智来讲，消费者心里想要的可能就是这些，消费者在看到以某种共性被归为一类的商品时会眼前一亮，尤其是目标消费群。

为什么他们会眼前一亮呢？因为这正是他们内心的需求，品类定义帮助他们节约了时间。品牌商因为拥有的商品种类有限，所以在挖掘品类概念上拥有的空间很小，难以为消费者同时提供同一品类概念的多款商品。

从不同的品类定义中可以看出，所谓隐性的品类需求挖掘，往往就是把细颗粒度的商品标签进行一次组合，然后据此把来自不同品类、不同品牌的商品进行一次重组，从而形成直击消费者心扉的"品类"。

还可以从不同的品类定义中看出，从特定的适用人群、特定的使用场景、性能特点、风格特点、特定达人推荐、特定价格档次、特定产地等维度出发，都可以对消费者的需求进行细分，即品类概念的挖掘。这样的品类创造对用户来说是一种价值巨大的需求满足。得到这些服务体验的用户会这样表达他们的感受："爱你，知我所想，懂我所需""你太懂我了""太好了，我要的就是这个""哇！都是我想要的"。这种服务均属品类商专供。

得品类者得私域。

第五节　To B 的增值服务

品类商利用 To C 的特供服务产生 To B 的增值服务，一样有很大的价值。

无论是品类导购还是品类促销，与用户互动的内容中都包含同一品类里多个品牌、多款商品的信息，所以，相当于通过一个内容让每位用户同时与多个品牌和商品产生互动，或者说，为其中每个品牌和商品都带去了一个单位的流量。这本质上是一个裂变。这个裂变过程实现了同品类内各个品牌、各个商品分享用户的效应，显著提高了每次精准流量的利用率，大大降低了各个品牌和商品在以前分别独立获客、独立推广时付出的流量成本。

不止如此，**品类商通过私域不仅能为用户提供品类导购，还能提供跨品类导购，即实现跨品类的用户全生命周期服务，从而可以使单一品牌商分担的流量成本再次削减。**

一方面，品类商不断利用大数据和各种算法模型推测不同品类间的关联关系、不同品牌间的聚类关系；另一方面，不断通过精彩纷呈的品类导购内容和品类促销内容，定制化地与用户互动。这样，品类商不断地引导同一位用户认知新品类、尝试新品类、消费新品类、复购新品类，不断地为不同品类的不同品牌和商品实现拉新、激活和转化，显著降低这些品类的每个品牌和商品获取精准流量的成本。这个过程本质上是另一个裂变。

对于商业竞争来说，永远都是"流量为王"。综上所述，传统的拥有许多线下商场的品类商，不仅拥有强大的私域服务能力，还在私域服务产生源源不断的流量上拥有"两重裂变效应"，如图 4-3 所示，从而拥有了为品牌商进行线上引流的强大增值服务能力。

图 4-3

以前，红星美凯龙在做活动时更多依靠商家引流，为此，红星美凯龙需要花费一笔庞大的营销预算。现在，红星美凯龙通过私域用户运营源源不断地制造流量，并通过开展全场主题大促、超级品类节、超级品牌日、惊喜狂欢夜直播等活动，将流量输出给各个商家，由此，红星美凯龙的盈利已连续逐年大幅递增。

在私域时代，为商家不断制造和输出线上流量将成为传统线下零售商的第二增长曲线。

第六节　三个预测

远观未来，关于品类商这个话题，我有三个初步预测：

其一，由传统零售渠道商升级而成的品类用户运营商（即拥有数字化用户运营能力的品类商），会凭借行业级的私域矩阵成为入驻商家的流量入口，源源不断地输出流量，从而获得第二增长曲线，同时会升级为营销服务商和用户资产运营商。

其二，在那些明显带有品类商属性的品牌商中，会有一部分"野心家"耐不住诱惑，逐步推进"平台化"，成为真正的品类商。

其三，在那些不具备品类商属性的品牌商中，会有一部分"冒险家"对定位理论中的"产品聚焦"策略提出质疑和挑战，会拓宽或延长产品线，逐步增强自身的"品类商属性"，比如正在加速布局且快速挺进的西贝、元气森林等，都在逐步增强其 To C 的私域服务能力和 To B 的增值服务能力。